한국생활사박물관
02

고 조 선 생 활 관
LIVING IN THE EARLY STATES

사계절

한국생활사박물관 편찬위원회

편집인	강응천
연구 · 편집	김영미
기획	(주)사계절출판사
집필	송호정 (책임 집필)
	강응천 (야외전시)
	서영대 (특강실)
	유용욱 (국제실)
아트디렉터	김영철
편집디자인	백창훈 · 이정민
일러스트레이션 디렉터	곽영권
일러스트레이션	김경진 · 김병하 · 윤문영 · 이선희
	이원우 · 이은홍 · 이해직 · 전진경
	정순희 · 정현철
사진	손승현
전시관 디자인	김도희 · 장문정
제작	박찬수
교정	이경옥
내용 감수	노태돈 (서울대 교수 · 역사학)
기획 감수	최준식 (이화여대 교수 · 종교학)
	오주석 (1956~2005, 전 연세대 겸임교수 · 미술사)
	김봉렬 (한국예술종합학교 교수 · 건축학)
	주영하 (한국학중앙연구원 교수 · 민속학)
	주용립 (전 연세대 교수 · 역사학)

일 러 두 기

1. 역사적 사실이나 개연성에 대한 고증과 평가는 학계의 통설을
   기준으로 삼았다.
2. 지명과 인명의 표기는 중·고등학교 교과서를 따랐다.
3. 외래어 표기는 현지 표기를 존중하는 문화관광부 제정
   '외래어 표기법'과 중·고등학교 교과서를 따랐다.
4. 한자의 사용은 되도록 피하되 꼭 필요한 경우에는 ( ) 안에 넣었다.
5. 생활사의 성격상 곳에 따라 역사적 개연성을 벗어나지 않는
   범위 안에서 가상 인물이나 가상 이야기를 첨가했다.

『한국생활사박물관』2권을 펴내며

박물관은 옛날의 것, 이미 죽은 것을 전시하는 곳이다. 하지만 우리가 박물관을 찾는 까닭은 옛날이 있기에 오늘이 있고 죽은 것들 모두를 토양 삼아 우리의 삶이 이어지고 있기 때문이다. 따라서 박물관이 전시하는 '옛날'은 살아 있어야 한다.

우리 나라에는 참으로 많은 박물관이 다양한 표정으로 관람객을 맞고 있지만, 안타깝게도 그 안에 전시된 유물들은 차가운 유리 뒤에서 박제된 주검의 모습을 하고 있는 경우가 많다. 그런 유물들을 바라보며 우리는 생각했다. 저 석기가, 저 청동검이 벌떡 일어나 그것을 사용하던 사람들 손에 쥐어져 박물관을 누비고 다니는 모습을 볼 수 있다면, 그리하여 옛사람들의 총체적인 생활상을 한 편의 영화처럼 생생하게 들여다볼 수 있다면……『한국생활사박물관』은 바로 그런 문제 의식에서 계획된 책 속의 박물관이다. 이 박물관의 '제2관'에 해당하는 「고조선생활관」에서는 우리 나라에 막 국가가 생겨나던 시대의 생활이 펼쳐진다.

'고조선'이라는 말은 '단군 신화', '민족사의 여명', '중국까지 뻗었던 영토' 등 거창한 주제들을 떠올리게 한다. 인류의 구세주처럼 등장했다는 단군은 정말로 존재했을까? 그는 정말 기원전 2333년에 고조선을 세웠을까? 고조선 때는 우리 민족이 정말 중국 대륙까지 호령했을까? 이런 꿈 같은 생각들을 하다 보면 그 시절 사람들이 무슨 일을 하며 어떻게 살았는지 하는 데까지는 생각이 미치지 않았을 것이다. 그러나 생각이 미치지 않았을 뿐이지 '고조선 생활'은 신선하고 흥미로운 주제임에 틀림없다. 누군가는 무릎을 탁 치며 이렇게 말할 것이다. "그렇군! 그 시대에도 활기차게 살아가는 보통 사람들이 있었을텐데, 우리의 눈은 너무 신화나 전설의 장막에 가려져 있었어."

「고조선생활관」은 이제 여러분을 그처럼 '신선하고 흥미로운 주제'로 안내한다. 당시 사람들은 수백만 년 동안 내려오던 삶과 결별하고 오늘까지 이어지는 새로운 형식의 삶을 실험하던 사람들이다. 돌에 의존하던 사람들이 금속기를 사용하면서 본격적으로 농사를 짓고, 작은 마을에서 살던 사람들이 고조선이나 부여, 삼한 같은 국가 조직을 이루어 살기 시작한 것이다. 책장을 넘기자마자 독자의 시선을 끌어당길 '야외전시'는 이 같은 역사의 흐름을 웅장한 사진과 함께 짚어 준다. 그리고 주(主)전시실인 '고조선실'이 당시 사람들의 생활상을 정면에서 다루고 나면, 뒤이은 '특별전시실'은 그들의 생활상을 색다른 각도에서 재조명한다. 독자는 '특별전시실'에서 죽음의 공간인 무덤들이 역설적으로 당시의 삶을 얼마나 생생하게 증언하는지 보게 될 것이고, 또 각종 청동기 무늬를 통해 당시 사람들의 섬세한 정신 세계를 들여다보게 될 것이다.

한(漢)-고조선 전쟁을 간접 체험하는 '가상체험실'에서는 국가의 멸망이라는 초유의 현상이 사람들에게 어떤 영향을 미쳤는지를 다각도로 살펴본다. 이어지는 '특강실'에서는 지금까지 살펴본 구체적인 생활상을 바탕으로 고조선의 영역과 같은 좀더 거시적인 주제를 깊이 있게 해설한다. 그리고 마지막 '국제실'에서는 이 시대의 대표적 유적·유물인 거석 기념물과 청동기의 세계적 계보를 살피고 세계 속의 우리 문화를 확인한다.

이 한 권의 책에 실린 500매의 원고와 40여 점의 컬러 그림, 120여 컷의 컬러 사진에는 '하나하나가 박사학위 논문'이란 말을 들을 만큼 많은 정성이 깃들여 있다. 우리는 앞으로도 숱한 도전이 기다리고 있는 것을 알지만, 선사 시대부터 현대에 이르는 우리 민족의 생활사를 오롯이 되살려 낼 때까지 지금의 걸음을 멈추지 않을 것이다. 독자 여러분의 따뜻한 격려와 매서운 질책을 함께 기다린다.

2000년 6월 한국생활사박물관 편찬위원회

고 조 선 생 활 관 안 내

8
야 외 전 시
OPENING EXHIBITION

「고조선생활관」의 도입부로서, 고조선 · 부여 등 초기 국가들이 탄생하고 삶의 조건이 근본적으로 변화하던 청동기~초기 철기 시대의 역사적 특징과 그 흐름을 웅장한 사진과 함께 보여 준다.

20
고 조 선 실
EARLY STATE PERIOD

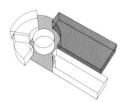

기원전 1000년경부터 사람들은 수백만 년 동안 의존해 오던 돌 말고도 금속기를 사용하기 시작했고, 그 동안 꾸려 오던 씨족 공동체 대신 고조선이나 부여 · 삼한 같은 국가 조직을 이루어 살기 시작했다. 오늘로 이어지는 새로운 형식의 삶이 실험되고 있던 그 현장을 방문한다.

56
특 별 전 시 실
SPECIAL EXHIBITION

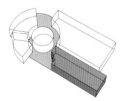

고조선 시대의 생활상을 그 시대의 무덤과 무늬를 통해 색다르게 살펴본다. 죽음의 공간인 무덤들이 역설적으로 얼마나 당시의 삶을 생생하게 증언하는지 확인하고, 각종 청동기 무늬들을 통해 당시 사람들의 섬세한 정신 세계를 들여다보게 될 것이다.

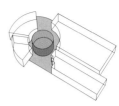

68

가상체험실
SIMULATION ROOM

기원전 108년에 벌어진 중국의 한(漢)나라와 고조선 사이의 전쟁을 현장 중계한다. 전쟁이라는 현상과 그 결과로 나타나는 한 국가의 멸망이라는 현상이 사람들의 삶에 미치는 영향을 생생하게 체험할 수 있다.

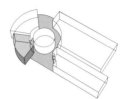

74

특강실
LECTURE ROOM

지금까지 살펴본 구체적인 생활상을 바탕으로 좀더 거시적인 주제를 깊이 있게 해설해 준다. 단군 신화 속에서 우리가 찾아낼 수 있는 역사의 진실은 무엇인가, 고조선은 과연 드넓은 중국 땅을 차지하고 있었는가 등과 같은 흥미로운 주제가 기다리고 있다.

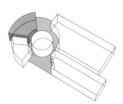

82

국제실
INTERNATIONAL
EXHIBITION

중국의 돌무덤에서 영국의 스톤헨지까지, 일본의 청동 종에서 그리스의 청동 신상까지, 이 시대의 대표적 유적·유물인 거석 기념물과 각종 청동기의 세계적 계보를 살피고 그 속에서 우리 문화 유산이 차지하는 자리를 확인한다.

고 조 선 생 활 관

야외전시 OPENING EXHIBITION

이곳은 『한국생활사박물관』 2권 「고조선생활관」의 도입부입니다. 그래서 '고조선생활관 안내'에 보이는 가상의 박물관 도면에서도 야외전시는 박물관으로 들어가는 입구에 배치했습니다. 이곳에서는 고조선뿐 아니라 부여, 삼한 등 초기 국가들이 생겨나던 시대의 역사를 한 편의 다큐멘터리 영화 같은 형식으로 선명하게 보여 줍니다. 신화와 전설의 시대로만 이해하기 쉬운 이 시대의 참모습을 만나고, 당시 사람들이 어떤 조건과 배경에서 삶을 일구어 나갔는지 살펴볼 기회를 가져 보십시오.

역사 속으로
Into the History

마을지킴이 솟대 : 높다란 장대 끝에 새 한 마리가 앉아 있다. 이 새는 마을 사람들의 희망을
전하러 하늘로 가는 전령사이자 나쁜 악들이 마을로 들어오지 못하도록 막아 주는 마을지킴이이다.
전라남도 화순군 동곡면 가수 마을 앞에 세워져 있다.

솟 대 ― 새 시 대 의 이 정 표

하늘과 땅을 이어 주는 우주 나무가 있다. 그 나무 꼭대기에는 하늘과 땅을 오가며 인간과 하늘을 이어 주는 우주 새가 있다. 땅에 발붙이고 사는 사람들은 우주 나무와 우주 새를 향해 하늘에 보내는 소망을 빌어 왔다. 솟대라 불리는 이 하늘과 땅의 전령사는 또한 옛날과 오늘을 이어 주는 '시간 나무'요 '시간 새'이기도 하다. 선사 시대에도, 조선 시대에도, 그리고 지금도 솟대는 그때마다 다른 수많은 사람들의 소망을 껴안아 왔다. 기원전, 어느 마을 앞에서도 사람들은 어김없이 솟대 앞에서 마을의 풍요와 번영을 빌었을 것이다. 우리는 그 솟대, 기원전 10세기경의 하늘을 바라보고 있던 솟대를 지나 당시의 마을 안으로 들어가려 한다. 그 마을에는 이전까지 아무도 상상할 수 없었던 엄청난 변화가 몰려 오고 있었다. 마을과 집의 규모가 커지고 생산량이 늘어나고 사람들 사이에 전에는 없던 차별이 생겨나고 있었다. 이 같은 변화의 소용돌이 속에 솟대가 듣는 사람들의 소망도 달라져 갔다. 이 솟대는 한 마을로 들어가는 이정표일 뿐 아니라 새로운 시대로 들어가는 이정표이기도 하였다.

농경의 시대 — 생산력이 급격히 발전하다

새로운 시대는 농사짓기로부터 시작되었다. 농사는 이전과는 비교할 수 없이 많은 먹을거리를 주기적으로 확보해 주어 사람들의 생활에 리듬과 여유를 가져다 주었다. 사냥과 채집에 그날그날의 삶을 의존하던 사람들은 여유가 생기자 지금까지와는 전혀 다른 새로운 삶의 방식에 눈을 돌리기 시작했다. 농사짓기가 시작된 것은 한반도 주변에서도 신석기 시대까지 거슬러 올라가지만, 본격적인 농경은 기원전 10세기 무렵 중국 동북 지방, 남만주 일대에서 금속 도구의 사용과 함께 시작되었다. 청동기 같은 금속 도구를 제조하는 데는 정교한 주조 기술이 필요하다. 이러한 기술의 발전은 다른 도구, 이를테면 전통적인 돌 도구의 발전에도 많은 자극을 주었다. 그에 따라 땅갈이에 쓰이는 쟁기와 보습, 가을걷이에 쓰이는 돌칼과 돌낫 등 각종 농사짓기 도구들이 개발되거나 정교해졌다. 이후 3천 년 가까운 세월 동안 문명의 절대적인 기초를 이루어 온 농경 ― 그것이 정착되던 시기에 사람들에게는 과연 어떤 변화가 찾아오고 있었을까?

봄 밭 : 곧게 갈아놓은 이랑과 고랑을 따라서 어린 싹들이 자라고 있다. 땀흘려 씨앗을 뿌리고
풍요로운 결실을 기원하는 마음은 고대의 농부나 오늘날의 농부나 다를 바 없을 것이다.
경기도 고양시의 한 텃밭.

계급의 발생 — 사람 사이에 차별이 발생하다

여기 보이는 고인돌은 무덤이다. 높이 2.5미터, 무게 50톤에 이르는 이 거대한 무덤은 오직 한 사람을 묻기 위해 만들어졌다. 3만~4만 년 전에 이르기까지 수백만 년 동안 사람들은 죽으면 그냥 여기저기 내버려져 썩어 갔다. 신석기 시대 무덤으로 추정되는 경상남도 통영 연대도라든지 경상북도 울진 후포리 등지의 무덤 자리에는 누워서 발을 쭉 뻗을 수조차 없는 공간에 죽은 사람을 묻고, 세월이 지나면 그 위에 다른 시신을 또 묻었다. 그러면 새로운 시대에 나타난 이 무덤이 말해 주는 것은 과연 무엇일까? 고인돌 같은 호화 무덤은 그 거대한 돌을 쌓아 올리는 데 필요한 사람들을 동원할 수 있는 힘을 가진 사람이 아니면 엄두를 낼 수조차 없었다. 새로운 시대는 무엇보다도 그런 '거인'들이 곳곳에 나타나기 시작했다는 점에서 예전과 다르다. 이런 '거인'들은 농사짓기가 만들어 낸 막대한 생산물을 자기 한 손에 집중시키다시피 한 사람들이다. 그들에게 예속된 공동체 구성원들은 점점 더 이들 '지배자'의 손에 자신의 운명을 맡기게 되었다. 그리고 이처럼 '가진 자'와 '못 가진 자'가 지배자와 피지배자로 나뉜 사회는 더 이상 말 그대로의 공동체가 아니었다.

강화도 고인돌 : 두 개의 고임돌이 거대한 뚜껑돌을 떠받치고 있어 마치 거인들의 식탁 같다.
뚜껑돌의 길이는 보통 2~4m이지만 황해도 은율에 있는 것은 8m에 이른다. 고대인들은
무엇 때문에 엄청난 힘을 들여 이런 거대한 돌 기념물을 세웠을까.
그것은 여전히 수수께끼로 남아 있다.

전쟁의 시대 ― 정복과 통합을 통해 사회가 팽창하다

석기 시대의 원시 공동체에서는 모두가 함께 일하고 공평하게 나누었다. 그 시대에는 워낙 손에 넣을 수 있는 먹을거리의 양이 한정되어 있었기 때문에 그렇게 하지 않으면 삶 자체가 불가능했다. 그러나 남아도는 생산물과 발달된 생산 수단을 둘러싸고 사회에 더 많이 가진 자와 그렇지 못한 자들 사이에 분열이 일어나면 '공동체'는 위기에 처할 수밖에 없다. 이 위기는 자신의 의지가 곧 공동체의 의지인 것처럼 행동하는 권력자가 사회의 갈등을 조정하고 통제함으로써만 봉합될 수 있었다. 오른쪽 아래 보이는 예쁘장한 청동 거울과 청동 의기(의례용 도구)는 기원전 6세기 무렵의 무덤에서 발견된 것으로, 고인돌을 무덤으로 쓰던 시대보다 더욱 커진 '거인' 권력의 상징이다. 도구의 혁명을 일으킨 청동기는 가공하기 쉽다는 장점 때문에 이처럼 권력을 가진 사람들의 장식물로 사용되었다. 이들은 나아가 번뜩이는 청동 검을 비껴들고 피지배자들의 목숨을 담보로 하여 다른 '거인'들과 전쟁을 벌였다. 전쟁은 씨족이 부족으로, 부족이 국가로 통합되어 가는 새 시대의 '질주'에 하나의 강력한 동력으로 작용하였다.

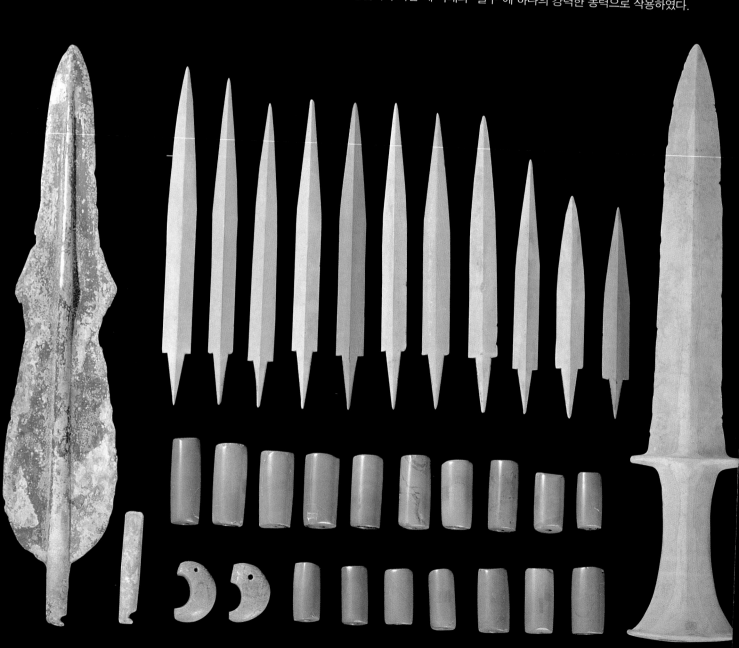

세형 동검과 청동 의기 : 가느다란 검몸에 손잡이를 달고 그 끝을 장식한 이 칼은 '가는 칼' 이라는 뜻에서 세형 동검이라 불린다. 청동 거울과 청동 방울 등 청동 의기는 세형 동검과 함께 고조선 후기 지배자의 정치적·종교적 권위를 상징한다. 세형 동검은 복원품, 의기는 대전 괴정동, 청동 거울은 아산 남성리 출토품이다.

국가의 탄생 — 새로운 인간 생활의 기본 틀이 완성되다

이곳은 강화도 마니산의 참성단. 고려 시대에 단군을 섬기는 사당으로 세워진 곳이다. 단군은 기원전 2333년에 우리 민족 최초의 국가 고조선을 세운 것으로 전해지는 신화적 인물이지만, 오늘날 많은 역사학자들은 고조선이 우리 역사상 최초의 국가이며 그 지배자가 '단군' 이란 칭호를 갖고 있었다는 데 동의한다. 그러나 민족의 원류인 예(濊)·예맥(濊貊)족이 몇 세기의 이합집산 끝에 모인 집단, 고조선이 국가 체제를 갖춘 시기는 석기 시대인 기원전 2333년이 아니라 '새로운 시대' 의 질주 끝인 기원전 4세기경이라고 본다. 이어 기원전 2세기 초에는 북만주에 부여(扶餘), 한반도 남쪽에 삼한(三韓)이 등장하면서 한반도와 그 주변은 완연한 국가의 시대를 맞이한다. 지금까지 사회 생활의 기본 영역으로 남아 있는 '국가' 는 이렇게 '새로운 시대' 의 완결편으로 등장하였다. 이 시대는 또한 당시의 삶이 문자로 기록되기 시작했다는 의미에서 '역사 시대' 의 시작으로도 불린다. 『한국생활사박물관』 2권은 이제부터 그 격동의 시대를 살았던 사람들의 구체적인 삶을 오롯이 되살려 여러분 앞에 펼쳐 보이고자 한다

▲ **마니산의 참성단 :** 고조선을 세우고 인간에게 365가지의 이로운 일을 했다는 신화 속 인물
단군을 기리기 위한 제단이다. 한반도에서 사는 사람들은 하나의 공동 운명체라는 의식이 형성되어
가던 고려 시대에 고조선과 단군을 그러한 일체 의식의 구심점으로 삼기 위해 이곳을 쌓았다고
전한다. 오늘날도 이곳에서 전국체전 봉화를 채화하고 개천절 제천 행사를 연다.

◀ **부여 도성 :** 부여는 고조선과 더불어 우리 민족 최초의 국가 가운데 하나였다.
멀리 보이는 산은 동단산이며, 그 곳에는 방어용 도랑을 세 겹으로 설치하였다. 국가의 중심을 이루는
도성은 이 동단산과 그 앞의 '남성자'라고 불리는 둥근 분지에 자리잡고 있었다. 그 앞에는 쑹화강이
흐르면서 도성을 감싸고 있다. 현재 중국 지린성 지린시에 위치하고 있다.

고 조 선 생 활 관

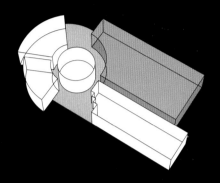
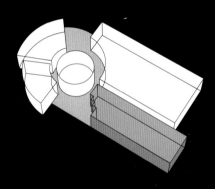
전시 PART 1

이곳에서는 고조선을 비롯한 초기 국가들이 등장하던 청동기 시대와 초기 철기 시대 우리 조상들의 삶을 두 전시실로 나누어 보여 줍니다. '고조선실'에서는 고조선뿐 아니라 한반도와 만주 일대에서 펼쳐지던 사람들의 생활상을 흥미로운 구성과 생생한 사진·그림 자료로 정리했습니다. 이어 '특별전시실'에서는 이 시대 유적·유물의 대부분을 차지하는 무덤들을 통해 색다른 각도에서 당시 생활상을 비추어 보는 한편, 다양한 청동기 무늬들을 통해 당시 사람들의 정신 세계와 예술 생활을 들여다봅니다.

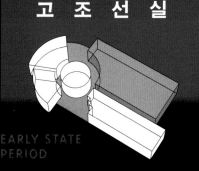

폭풍의 언덕 — 초기 국가 시대로 들어가며 —

울산시 검단리, 전망 좋은 언덕에 벌겋게 드러난 이 땅은 무엇에 쓰려는 터일까? 주변 경관을 활용한 전원주택 단지일까? 주변 산지와 농토를 관리하는 사람들이 머물며 생활할 숙사(塾舍) 터일까? 아니면 사방을 경계하는 데 유리한 지형을 이용한 군 부대 터일까?

그러나 여기는 앞으로 새로운 건물들이 들어설 터가 아니라, 기원전 6세기 무렵의 한 마을이 지금은 다 사라지고 흔적만 남은 곳이다. 당시 이 언덕 위에다 마을을 이루고 살았던 사람들은 우리가 앞에서 상상했던 세 가지 용도를 모두 따져서 이곳에 모여들었다.

당시 이 언덕 마을은 제법 고급 주택 단지였다. 또 그 즈음 본격적으로 시작된 농사는 이런 언덕 주변에서 이루어졌기 때문에, 이 마을은 그 농지를 쉽게 관리할 수도 있고 뒷산에서 사냥과 채집을 할 수도 있는 조건을 가지고 있었다. 또 참호 같은 도랑으로 미루어 짐작할 수 있는 것처

▲ **검단리 유적** : 울산시 검단리에 있는 청동기 시대의 대표적인 마을 유적으로 총면적이 6,000㎡에 이른다. 사적 제332호. 1990년 부산대학교 박물관 팀이 발굴한 곳으로, 환호 로 불리는 동ㄱ 도랑과 그 마을 터 안에 93채의 집터와 돌화살촉·돌칼 등 224점의 석기와 민무늬토기 등이 발견되었다. 도랑의 둘레 길이는 300m에 이르고 너비는 50～200cm, 깊이는 20～150cm이며 단면은 V자 모양을 하고 있다. 사진은 발굴 직후에 촬영한 것이다.

럼, 이 마을은 '안보의 위협'에 가장 효율적으로 대처할 수 있는 전망도 가지고 있었다.

이 세 가지 특징은 그들이 살던 시대의 성격을 정확하게 말해 주고 있다. 당시는 폭풍과도 같은 변화가 몰려 오던 시대였다. 농업이 본격적으로 발달하면서 생산물이 늘어나고 그렇게 늘어난 생산물을 놓고 사람과 사람, 마을과 마을 사이에 분쟁이 일어나고 있었다. 더욱이 당시는 청동기 시대로, 철기 시대를 눈앞에 두고 있었다. 청동기나 철기를 벼리는 기술은 농사 짓는 도구를 발전시켰을 뿐 아니라 사람을 죽이는 무기도 발전시켰다. 이런 시대에 언덕은 농사짓기에도 좋고, 다른 마을들을 내려다볼 수 있으므로 전쟁 같은 사태에 대비하기에도 좋았다. 그래서 신석기 시대에는 평평한 물가 마을에서 고기잡이를 하던 사람들이 앞다투어 언덕으로 올라가기 시작했던 것이다. 그런 과정에서 마을과 마을이 합치거나 큰 마을이 작은 마을들을 정복해서 커다란 부족 연합체를 이루는 일이 많아졌다. 이곳 검단리 마을은 그런 부족 연합체의 우두머리 마을로 보이는 규모를 지니고 있다. 그러므로 이 마을 사람들은 어느 정도 변화의 폭풍을 이겨 내고 자리를 잡은 사람들로 볼 수 있겠다. 이제부터 우리는 이 시대의 폭풍을 뚫고 이 마을 한복판으로 들어가 보기로 하자.

망루 : 외부의 침입자를 경계하기 위해 망을 보는 곳이다.

족장의 집 : 마을 한가운데 자리잡고 있으며, 마을 회의를 열 수 있을 만큼 규모가 크다.

소도 : 신성 구역으로 제사장인 천군이 있어 제사를 주관하였다. 도둑이 이 곳으로 도망가도 잡지 못하였다고 한다.

다락 창고 : 곡식 생산량이 제법 많아져 바람이 잘 통하는 높은 곳에 창고를 만들어 곡식을 보관해 두었다.

야산 개간 : 나무를 베어내고 불을 질러 올해 농사 지을 땅을 마련하고 있다.

청동기 공방 : 일곱 명의 기술자가 청동기를 만들고 있다.

군사 훈련 : 마을 장정들이 중심이 되어 전쟁에 대비해 훈련하는 모습이다.

제단 : 마을 주민들의 안녕과 풍요로운 수확을 기원하며 조상신과 산천신에게 제사를 지낸다.

울타리 : 여러 명의 젊은이들이 달라붙어 얼마 전 전쟁으로 망가진 부분을 손보고 있다.

도랑 : 마을을 둥글게 둘러싼 도랑으로 외부인이 마을에 쉽게 접근할 수 없게 한다.

검단리 마을 사람들

마을 뒤에는 우뚝 선 산이 북서풍을 막아 주고 앞에는 시냇물이 졸졸 흐른다. 그 옆으로는 고랑과 이랑을 갖춘 밭이 펼쳐져 있다. 마을 한가운데는 우물이 있고 그 주위로 제법 많은 집들이 옹기종기 모여 있는 곳. 오늘날에도 쉽게 찾아볼 수 있는 전형적인 농촌 마을의 모습이다. 그러나 여기는 기원전 6세기의 울산시 검단리 마을을 둘러싼 나무 울타리와 도랑이 왠지 오늘날의 농촌 마을과는 다른 긴장감을 자아내고 있다. 울타리와 도랑에는 여러 명의 젊은이들이 달라붙어 얼마 전 일어난 전쟁으로 망가진 부분을 손보고 있다. 아래쪽을 향해 세워진 망루에서는 보초가 작은 마을들과 주변 지역의 동태를 감시하고 있다.

마을 가운데 있는 큰 집이 이곳 검단리를 중심으로 한 일대의 부족 연합체를 통솔하는 대족장의 집이다. 이 마을 사람들은 그의 주도 아래 봄·여름에는 농사를 짓고, 가을·겨울에는 수로를 만들고 경지를 정리하며 사냥에 나선다. 족장도 더 큰 권력자, 이를테면 이 마을까지 포괄하는 국가의 왕이 명령을 내리면 부족원들을 이끌고 국가 행사나 전쟁에 참가한다. 수많은 마을들이 피라미드를 형성하면서 국가로 통합되는 역사의 흐름을 아는지 모르는지 또 하루의 해가 검단리 뒷산으로 넘어가고 있다.

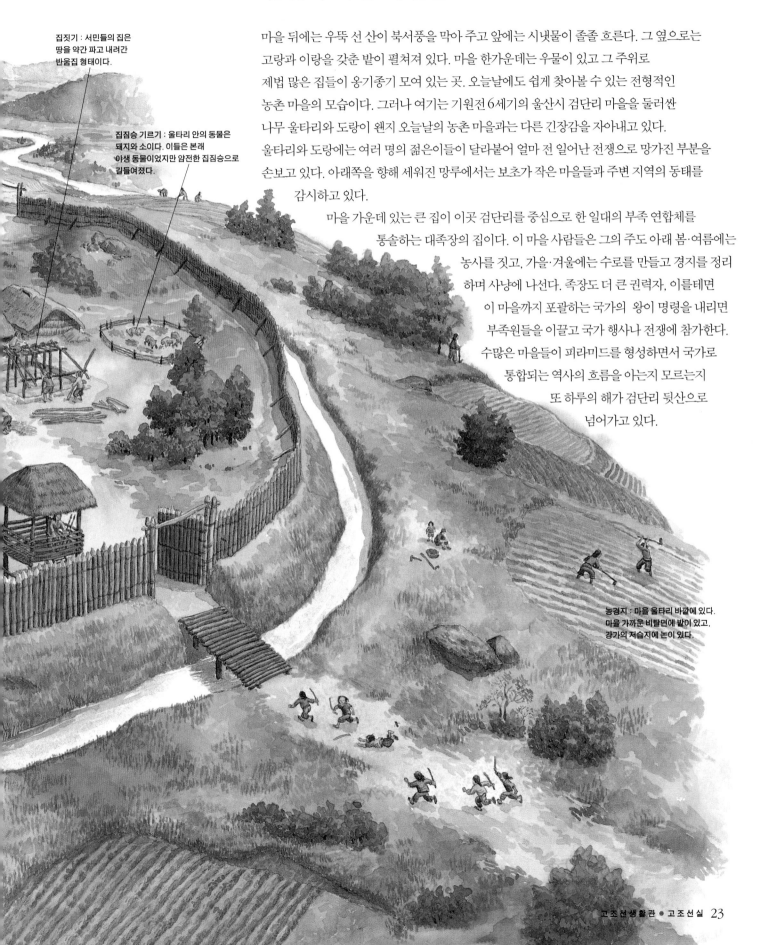

집짓기 : 서민들의 집은 땅을 약간 파고 내려간 반움집 형태이다.

집짐승 기르기 : 울타리 안의 동물은 돼지와 소이다. 이들은 본래 야생 동물이었지만 얌전한 집짐승으로 길들여졌다.

농경지 : 마을 울타리 바깥에 있다. 마을 가까운 비탈면에 밭이 있고, 강가의 저습지에 논이 있다.

일터, 생산과 창조의 현장

농업이 비약적으로 발전하면서 전통적인 농촌 사회가 출범한다. 농민들이 점차 인구의 대부분을 차지하게 되고, 그들이 일구어 내는 농업 생산물은 사회 전체를 먹여 살리는 필수 요소로 자리잡는다. 한편 직업도 다양해져서 전문 수공업자들이 등장하고 육체 노동과 정신 노동의 구분도 생겨난다.

자연의 리듬에 맞춰 출발!

봄이다. 남으로는 울산 검단리나 진주 대평리에서 북으로는 고조선 중심 도시인 평양까지 모두들 움츠렸던 몸을 펴고 일터로 향한다.

여기는 평양 근교의 남경 마을. 봄나물 캐러 가는 처녀들의 재잘거리는 소리가 메아리친다. 처녀들은 뒷산으로 바로 가면 될 것을 굳이 마을 앞의 밭 주변을 에둘러 가고 있다. 웃통을 벗어붙이고 땀흘리며 밭을 갈고 있는 장정들을 훔쳐보기 위해서이다.

인간이 대자연의 리듬을 읽고 그 리듬에 맞추어 새롭게 자연과 관계를 맺는 농사짓기, 그 첫 단계가 시작된 것이다.

농사는 신성하다 ● 아래 사진에 보이는 집 모양 청동기는 제사에 쓰는 도구이다. 그런데 이 도구에는 농사짓는 사람들의 모습이 상세하게 그려져 있다. 두 남자가 따비와 괭이를 가지고 밭을 경작하는 장면, 부녀자가 그릇에 수확물 같은 것을 담고 있는 장면이 보인다.

농기구인 따비와 괭이, 밭의 이랑과 고랑, 토기 등도 세밀하게 묘사되어 있다. 그런가 하면 각각 Y자 모양의 나뭇가지에 앉은 새 두 마리가 서로 마주보고 있는 장면도 도구의 뒷면에 선명하게 남아 있다. 새는 인간과 하늘을 이어주는 신성한 동물로서 이 도구를 사용하는 제사장의 상징이었다. 남경 마을의 제사장은 따비로 밭을 가는 봄의 파종기나

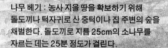

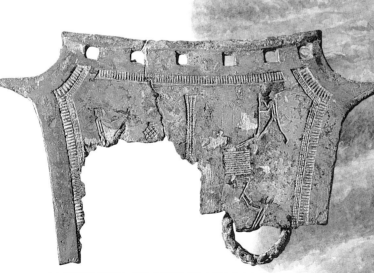

나무 베기 : 농사 지을 땅을 확보하기 위해 돌도끼나 턱자귀로 산 중턱이나 집 주변의 숲을 채벌한다. 돌도끼로 지름 25cm의 소나무를 자르는 데는 25분 정도가 걸린다.

따비질 : 따비를 이용해서 밭을 갈고 있다. 사람의 힘만으로 고랑을 만들다 보니 고랑의 깊이는 10cm정도밖에 안 된다.

고대의 밭농사는 나무 베기, 불 지르기, 땅 고르기, 씨앗 뿌리기의 순서로 진행된다. 나무 베기와 땅 고르기는 주로 남자들이 맡고, 돌과 나무 뿌리를 골라내고 씨앗을 뿌리는 일은 여자들이 담당했을 것이다. 아이를 돌보면서 농사일도 해야 하는 농촌 여성의 고된 삶은 이 시기에도 마찬가지였던 것 같다.

▲ **농경문 청동기 뒷면** : 제사에 사용된 청동기의 뒷면이다. 따비로 밭을 가는 모습, 괭이로 땅을 일구는 모습, 수확한 곡물을 토기에 보관하는 모습이 새겨져 있다. 오른쪽 위의 인물은 머리에 깃털을 꽂고 아랫도리를 벗고 있어 흥미롭다. 이는 풍요로운 생산을 기원하는 원시 신앙과 관련된 것이다. 대전의 한 고물상에서 수집한 것으로, 폭이12.8cm이다.

수확물 담는 추수기에 이 도구를 옷에 매달고 다산(多産)과 풍요를 비는 제사를 주관했을 것이다. 이 때 이 도구에 새겨진 그림들은 의례를 통해 농사짓기의 중요성을 전달하고자 하는 교육적 기능도 갖고 있었다.

이처럼 농사짓기는 그 과정이 제사 도구로 쓰이는 청동기에 상세히 묘사될 만큼, 그리고 중요한 단계마다 사람들이 모여 농사가 잘 되도록 제사를 지낼 만큼 신성한 일이었다.

농사는 과학이다 ● 농사는 채집이나 사냥·고기잡이와 달리, 작물 재배에 기초한 과학적인 생산 활동이다. 산과 들에서 자유롭게 자라던 식물들을 한 자리에서 길러 내려면, 그 식물의 성장 주기를 세심히 살펴야 할 뿐 아니라 때로는 농사 짓는 땅에 적응할 수 있도록 식물의 씨앗을 개량해야 한다.

또 기후와 절기를 잘 관찰하고 때맞춰 조치를 취하는 일도 중요하다. 알맞은 도구를 만들어

알맞은 곳에서 사용하는 것도 빼놓을 수 없는 일이다. 이렇게 과학적인 활동들을 제대로만 하면 식량을 쉽게 늘릴 수 있을 뿐만 아니라 계획적으로 식량을 소비할 수도 있다.

농사는 과학이며 또한 축복이다.

이랑과 고랑이라는 신발명품 ● '따비밭'이라는 말이 있다. 이 말은 나중에는 따비 정도로 갈 수 있는 작은 밭이란 뜻으로 쓰이게 되었지만, 고조선 시대에 등장한 따비밭은 엄청난 기술 진보의 상징이었다.

따비나 곰배괭이로 땅을 일직선으로 파낸 구덩이를 '고랑' 이라고 한다. 파낸 흙을 고랑 옆에 쌓은 부분은 '둔덕', 고랑과 둔덕을 합쳐 부르는 이름이 '이랑' 이다.

이렇게 갈아서 부드러워진 흙에다 농작물의 씨앗을 뿌리면 땅 속의 영양분을 충분히, 그리고 고르게 공급받을 수 있었다. 그렇게 되면 단위 면적당 수확량도 자연히 늘어나게 되었다.

옛날 신석기 시대에는 뒤지개로 맨땅을 콕콕 파그 구멍에다 씨앗을 뿌렸다. 이것을 '원시 농경' 이라고 하는데, 그에 비하면 청동기 시대에 들어와 이처럼 이랑과 고랑에서 농사를 짓게 된 것은 획기적인 기술의 진보가 아닐 수 없었다.

'불량' 씨앗은 도태된다 ● 청동기 시대 사람들은 우량 곡물을 찾고자 토양과 기후, 절기 등을 거듭 관찰해 왔다. 그 결과 기원전 1천년경부터 토양에 맞는 곡물로 자리잡은 알곡 작물이 벼, 조, 기장, 수수와 콩이다. 조, 기장, 콩은 생육 기간이 짧고 추위에도 잘 견디며 높고 건조한 지대에서도 잘 자란다. 그러나 벼는 상대적으로 생육 기간이 길고 추위에도 약하다. 또 습기가 많은 지대에서 잘 자라는 특징이 있다. 남경 마을 사람들은 그런 벼를 이곳의 기후와 토양에 적응시키는 데 성공함으로써 준비된 과학 영농의 개가를 올렸다. 올 가을에는 밥맛 좋은 조선 쌀을 기대해도 좋을 것이다.

잡목 태우기 : 벌목한 자리를 태우면 나무 뿌리와 잡초가 제거될 뿐 아니라 타고난 재들이 거름이 되어 농작물이 잘 자란다.

괭이질 : 흙 속에 남아 있는 나무 뿌리와 돌을 골라 낸다.

씨앗 뿌리기 : 이랑을 따라서 씨를 뿌리고 흙을 가볍게 덮어 준다 며칠 후면 어린 싹들이 이랑을 따라서 소담스럽게 얼굴을 내밀 것이다.

과학 영농에서 빼놓을 수 없는 것이 천문 관측이다. 고조선 옆나라 동예에서는 새해에 별빛을 보고 풍년일지 흉년일지를 점친다고 한다.

고조선 사람들도 밭을 일구고 씨를 뿌릴 때뿐 아니라, 곡식의 싹이 파릇파릇 자라나는 여름철 들판 앞에서 하늘을 쳐다본다.

오늘은 남경 마을에서 멀지 않은 평안남도 중산군 용덕리의 주민들이 하늘에 제사 지내는 날. 청동 거울과 명도전을 어깨에 건 무당이 사람들을 이끌고 고인돌 앞에 섰다. 바야흐로 많은 비를 내려 주어 풍년이 들게 해달라는 기우제가 시작될 참이다.

고인돌에 그려 놓은 별자리 ● 용덕리의 고

인돌 뚜껑돌에 그려진 그림(아래 그림)을 단순히 성스러운 표시로 보는 사람들도 있지만, 그것보다는 별자리일 가능성이 높다. 용덕리 사람들은 왜 이런 별자리 그림을 그렸을까?

고인돌은 지배자의 무덤이면서 제단 역할도 한다. 따라서 고인돌에 묻힌 사람이 저승에 가서 잘 살 수 있도록 하늘에 기도하는 의미가 있다. 아니, 단지 하늘을 우러러 소원을 빌기만 하는 것이 아니라 농사 절기를 파악하고 씨뿌리는 시기를 알아내기 위해 해와 달, 그리고 별의 운행을 세심하게 관찰하는 노력이 곁들여진다.

별자리 그림은 그러한 관측을 통하여 별들의 위치를 가늠하고 그 별들이 계절에 따라 모양과 위치, 그리고 크기가 달라지는 것을 파악했기 때문에 만들어질 수 있었다.

▲ ▶ 별도끼와 달도끼
별과 달을 본떠 만든 청동기 시대 지배자의 지휘봉이다. 지배자의 권위를 상징하지만, 천문에 대한 고대인들의 관심을 보여 주는 유물이다. 모두 북한 지역에서 출토되었으며 달도끼의 지름은 12.3cm이다.

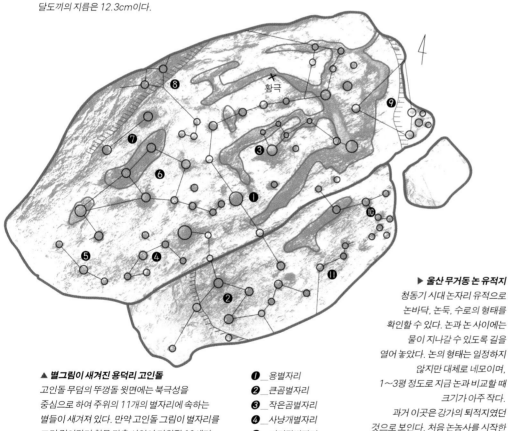

▲ 별그림이 새겨진 용덕리 고인돌
고인돌 무덤의 뚜껑돌 윗면에는 북극성을 중심으로 하여 주위의 11개의 별자리에 속하는 별들이 새겨져 있다. 만약 고인돌 그림이 별자리를 그린 것이라면 천문 관측 사업이 기원전 10세기 이전부터 진행되고 있었다는 것을 보여 준다.
길이_2m
너비_1.3m
두께_0.25m
연대_청동기 시대
소재지_평안남도 중산군 용덕리

황극

❶_용별자리
❷_큰곰별자리
❸_작은곰별자리
❹_사냥개별자리
❺_머리칼별자리
❻_목동별자리
❼_북쪽갓별자리
❽_헤르쿨레스별자리
❾_케페우스별자리
❿_기린별자리
⓫_삵별자리

*별자리 이름은 북한 학계의 표기를 그대로 따랐다.

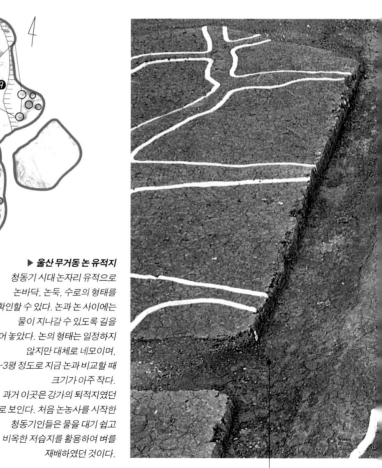

▶ 울산 무거동 논 유적지
청동기 시대 논자리 유적으로 논바닥, 논둑, 수로의 형태를 확인할 수 있다. 논과 논 사이에는 물이 지나갈 수 있도록 길을 열어 놓았다. 논의 형태는 일정하지 않지만 대체로 네모이며, 1~3평 정도로 지금 논과 비교할 때 크기가 아주 작다. 과거 이곳은 강가의 퇴적지였던 것으로 보인다. 처음 논농사를 시작한 청동기인들은 물을 대기 쉽고 비옥한 저습지를 활용하여 벼를 재배하였던 것이다.

발굴 구덩이 : 처음 유적지를 조사할 때 시험적으로 팠던 구덩이이다.

날씨 괴담 : 못 맞히면 죽는다 ● 무릇 세상 일은 뜻대로 잘 안 되는 법이다. 특히 날씨가 마음대로 되지 않으면 족장들은 아연 긴장한다.

올해 용덕리 사람들은 나쁜 소식을 들었다. 이웃 나라 부여에서 날씨가 고르지 못해 한 해 농사를 망치자, 지방 족장들이 그 책임을 물어 왕을 죽였다는 것이다. 날씨가 고르고 농사가 잘 되도록 하는 것이야말로 이 시대의 가장 중요한 통치 행위 가운데 하나인 셈이다.

수리 관개 시설이 발달하지 않은 이 시대에 부여에서 일어났던 일과 같은 사태를 완전히 예방하는 것은 사실상 불가능하다. 그래도 용덕리 족장과 무당은 최선을 다해 하늘을 관찰한다. 그리고 식물의 싹이 돋고 열매가 열리는 시기, 맑거나 비가 오는 시기, 그에 맞추어 씨를 뿌리거나 수확하기에 좋은 시기 등을 기록해 놓기도 했다. 고대의 천문력은 이처럼 농사짓기와 관련하여 등장했다.

볍씨 이야기 ● 여름철 비와 가장 많은 함수 관계가 있는 것이 습기를 좋아하는 벼이다. 남경 마을 사람들은 대략 기원전 10세기경부터 벼농사를 짓기 시작했다. 이 마을은 거의 벼농사의 북 한계선에 해당하는 지역이다. 이보다 북쪽에 있는 만주 지린성의 부여 사람들에게 벼농사는 매우 낯선 이름이다.

그에 반해 한반도 중남부에서는 벼농사가 이제 잡곡 농사들을 제치고 주된 농사 종목으로 자리를 잡아 가고 있다. 이곳에서 재배되는 벼는 남경 마을의 벼와 비슷한 품종이다. 이 볍씨의 평균 길이는 4.2~4.5mm이고 평균 너비는 2.5mm이다. 이 정도면 아주 짧고 뭉툭한 것에 속한다.

광주 신창동을 비롯한 한반도뿐 아니라 바다 건너 일본의 이타츠케 마을 사람들도 동일한 벼 품종을 비교적 넓은 지대에서 기르고 있다. 그런데 신창동과 이타츠케 마을에는 다른 곳과는 다른 형태의 경작지가 있어 눈에 띈다. 물기를 좋아하는 볍씨의 특성을 고려하여 아예 물을 끌어다 댄 곳들이 그것이다.

논 이야기 ● 논은 한자로 '답(畓)' 이다. 물을 댄 밭이라는 뜻이다. 논에 알맞은 지대로는 계곡 바닥의 저습 지대를 꼽을 수 있다. 계곡에 흐르는 물을 끌어다 댈 수 있으면 아주 좋은 조건이다. 그러나 벼는 물이 많다고만 해서 잘 자라는 작물이 아니다. 때로는 논에다 물을 대고 때로는 물을 빼기 위한 수로가 있어야 한다. 이런 수로를 만들기 위해서는 수많은 사람들이 동원되어야 한다. 그래서 논농사를 짓는 신창동이나 충청남도 논산 마전리 일대의 사람들은 농번기를 피해 여러 마을 사람들이 다함께 협력해서 수로를 건설한다.

논농사는 이 시대의 선진 기술과 많은 인력이 집약된 최첨단 사업인 셈이다.

물길 : 논과 논 사이에 물이 흐를 수 있도록 둑을 터놓았다.

논둑 : 논과 논 사이의 경계선이다.

논자리 : 벼를 재배했던 논바닥이다. 둑과 흙의 성분이 확연히 구분되며 사람의 발자국도 확인된다.

수로 : 폭이 2m가 넘는 큰 도랑이다. 물이 지나가는 길로, 이곳과 연결된 작은 수로들도 있다.

▲ **반달 돌칼** : 청동기 시대에 널리 쓰인 다용도 칼이다. 위쪽 구멍에 손잡이를 끼워서 쓰며, 날은 아랫부분에 있다. 초기에는 둥근 날이, 후기에는 삼각형 날이 쓰였다. 경상남도 진주 대평리에서 출토된 유물로 왼쪽 칼의 길이는 10.6cm이다.

▲ **돌낫** : 반달 돌칼에서 발전한 원시 낫이다. 'ㄱ' 자로 나무 손잡이를 붙이고, 아랫날 부분을 이용해서 식물의 밑동을 베어낸다. 충청남도 부여 송국리에서 출토된 유물로 길이는 25.3cm이다.

가을이 풍요와 결실의 계절이기를 바라는 것은 채집을 주로 하던 신석기 시대 사람들이나 농사 짓는 남경 마을 사람들이나 마찬가지이다.

들판 가득 누렇게 익어 가는 곡식을 바라보노라면 봄·여름에 땀흘린 보람이 절로 느껴진다. 하지만 아직 할 일이 남았다. 반달 돌칼을 들고 들판으로 나가 벼 이삭을 따야 한다. 반달 돌칼보다 한층 더 발전된 돌낫을 들고 벼의 밑동을 잘라 내면 볏짚이나 볏단을 지붕이나 깔개 따위로 활용할 수도 있다.

거두어들인 곡식을 그대로 먹을 수는 없으므로 껍질을 벗겨내는 작업을 거친다. 이렇게 얻어진 쌀과 각종 곡식은 시루 같은 도구를 이용해 맛있게 조리해 먹거나 창고에 보관한다.

반달 돌칼은 자르는 칼이 아니다 ● 반달

돌칼이라고 하면 '칼'이라는 말 때문에 물건을 베거나 자르는 데 쓰는 도구라고 생각하기 쉽다. 하지만 반달 돌칼은 사실 이삭을 따는 도구이다. 반달 돌칼은 구멍을 한두 개 뚫어 놓고, 거기에 끈을 꿰어서 손목에 걸거나 손가락에 쥐고 이삭을 따기 편리하게 만든 도구이다. 그런데 이 돌칼을 가지고는 이삭을 한 번에 하나씩밖에 자를 수가 없으므로 추수하기가 쉽지 않다. 따라서 채 수확도 하기 전에 이삭이 땅에 떨어지는 경우도 허다하다. 그래서 어떤 사람들은 때를 맞추지 못할까 걱정하여 곡식이 익기도 전에 수확을 하기도 한다.

그러나 청동기 시대 후기 들어서 새로운 수확 도구가 발명되어 선을 보였다. 이삭을 하나하나 딸 필요 없이 그루를 한꺼번에 베어내는 낫이 그것이다. 낫으로 벼 포기를 잘라내는 일은 한꺼번에 많은 양을 작업할 수 있다는 점뿐 아니라, 볏단을 활용할 수 있다는 장점까지 있다.

바람 솔솔, 공중에 뜬 다락 창고 ● 거두어

들인 곡식을 오래 두고 먹기 위해서는 안전하게 보관해야 한다. 가장 일반적인 보관 방법은 저

돌낫의 등장 : 돌낫을 이용해서 밑동을 바싹 잘라내고 있는 장면이다. 한꺼번에 많은 줄기를 자를 수 있어 수확하는 데 드는 시간이 훨씬 단축되었다. 그러나 낟알을 떨어내는 작업을 한 번 더 거쳐야 한다.

반달 돌칼을 이용한 수확 : 반달 돌칼은 생산량이 얼마 되지 않았던 시절에 잘 익은 이삭부터 꺾거나 훑는 방식으로 수확하는 데 편리한 도구였다. 허리를 많이 구부리지 않고 이삭을 하나하나 눈으로 확인하면서 수확을 할 수 있다. 낫이 발명된 뒤에도 반달칼은 여전히 수확 용구로 사용되었다.

장 움을 파서 땅속에 보관하는 것이다. 남경 마을 사람들도 집 주위에 곡식을 보관하기 위한 저장 구덩이들을 많이 파놓았다.

그러나 영농 기술의 진보는 저장 기술의 진보 또한 가져왔다. 땅속의 저장 움은 습기가 많아 오랜 기간 곡식을 저장하기에는 적당치 않다. 그렇다면 방법은 땅 위로 올리는 것이다. 사람들이 움집보다는 조금 높은 집에서 살기 시작한 것처럼, 곡식을 저장하는 곳도 기둥을 세우고 그 위에 마련하기 시작했다. 그 결과로 등장한 것이 다락 창고(아래 그림)이다. 통풍이 잘되고 서늘한 다락 창고는 오늘날까지 좋은 저장 시설로 이용되고 있다.

벗기는 것도 쉽지는 않아 ● 줄기에서 곡물을 떼어내거나 곡식의 껍질을 벗겨내는 가공은 농사의 마지막 단계로 꽤 힘든 작업이다.

신석기 시대에 만들어진 갈돌만으로는 많은 양의 곡식을 가공할 수 없다. 그래서 등장한 것이 절구라는 도구이다.

움푹 패인 안전한 공간에 일정한 양의 곡식을 넣고 나무 공이로 여러 번 찧으면 껍질과 알곡이 분리된다. 그 다음 키 등을 이용해 껍질을 바람에 날려 보내면 알곡을 얻을 수 있다.

절구질 : 수확한 벼의 껍질을 벗기기 위해서 절구질을 한다. 두 여인이 벼를 넣은 절구를 사이에 두고 서서 공이로 섞바꾸어 찧는다. 이렇게 껍질만 벗긴 쌀을 현미라고 한다.

저장 움 : 오래 두고 먹을 곡식은 껍질을 벗기지 않고 서늘한 땅속 저장 움에 보관한다.

현미 : 대개는 벼에서 껍질만 벗긴 현미를 쓿지 않고 바로 식량으로 이용했다.

키질 : 껍질과 뒤섞여 있는 알곡은 키를 이용해서 골라낸다. 위에서 아래로 곡식을 떨어뜨려서 바람에 껍질을 날려보낸 다음, 다시 알곡을 키에 담고 까부르기를 반복하여 돌을 골라낸다. 껍질을 날려 보내기 위해서는 멍석이나 얇은 자리 같은 것을 이용하여 키질하는 사람 앞에서 바람을 일으켰다.

◉ 다락 창고

낟알걷이를 한 곡식들은 다락 창고라는 공동 저장 창고에 보관했다. 다락 창고는 기둥을 세우고 2층에 곡식을 저장하는 공간을 마련한 곳간이다. 이처럼 공중에 뜬 곳간에다 곡식을 넣어 두면 통풍이 잘 되어 곡물을 오랫동안 썩지 않고 보관할 수가 있었다. 촌락 공동체 사람들은 다 함께 일해서 수확하고 남은 곡식들을 이러한 다락 창고에 공동으로 보관했다. 그리고 각자의 집에도 개인적으로 곡물 저장 공간을 만들어 식량을 보관했는데, 그 일부를 바닥이 넓은 토기에 담아 두고 밥을 할 때나 떡을 할 때 그때그때 꺼내어 조리해 먹었다.

◀ ▼ 아래 두 그림은 고구려 시대 덕흥리 고분에 그려진 다락 창고의 모습이다. 왼쪽 사진은 현대 중국에서 이용되는 다락 창고로, 2000년이 지났지만 벽화 속의 모습과 유사하다.

농기구 열전

청동을 사용하기 시작했다고 해서 농기구도 청동으로 만들었다고 생각하면 오산이다. 청동기 시대는 도리어 석기의 전성 시대였다. 돌도구는 재료를 쉽게 구할 수 있는데다 단단하여 잘 망가지지 않는다. 그래서 가장 일반적인 돌을 이용해 나무를 깎는 도구에서부터 땅 일구는 도구, 가을걷이 도구, 가공 도구 등 모든 종류의 농기구를 만들었다.

그러나 이 시기 돌도구들은 돌만으로 된 것이 아니라 나무 손잡이 등 목재 보조 기구와 묶어 만든 것들이 대부분이다. 이렇게 나무와 결합된 석기는 만들기 쉽고 가벼워서 더욱 실용적이었다. 그렇다고 청동으로 된 도구가 전혀 없었던 것은 아니다. 청동은 귀하기 때문에 직접 농기구를 만드는 대신 도끼, 끌, 송곳 등 작은 공구류를 만드는 데 쓰였다. 청동 공구는 단단하고 날카로워 나무를 다듬기에 알맞았다. 이에 따라 잘 다듬어진 나무 농기구들도 만들어졌다. 그러다가 고조선 시대 후기에 철기가 사용되기 시작하면서 돌로 만들어지던 많은 농기구가 더 단단한 쇠 도구로 바뀌게 되었다.

공 구 류

주로 나무를 자르거나 다듬을 때 쓰는 도구들이다. 논밭을 개간하기 위해 잡목을 베거나 큰 나무를 쪼개는 데는 대개 단단한 돌로 만든 도끼와 자귀를 사용했다. 청동으로 만든 도끼와 끌, 송곳 등은 나무를 정교하게 다듬거나 무늬를 새기는 데 쓰였다. 기원전 3~2세기경에는 청천강 이북을 중심으로 쇠로 만든 도끼를 사용하기 시작했다.

땅 일구는 도구

땅을 파거나 땅속의 알뿌리를 캘 때 썼던 도구이다. 개간된 논밭을 일구는 땅갈이 도구로는 돌삽·보습·따비·가래·괭이 등이 있다. 처음에는 돌로 만든 것이 일반적이었으나, 뼈로 만든 것과 나무로 만든 것도 많이 나오고 있다. 청동기 시대 후기로 가면 쇠로 만든 것들이 사용된다.

◀ ▶ 돌삽과 보습
전라남도 돌산 송도 등지에서 발견된 것으로 오른쪽 보습의 길이는 26.7cm이다. 나무 자루에 묶어서 사용하며 자루 형태는 도구의 기능에 따라 직선 방향이나 90도로 결합시킨다.

수 확 과 가 공 도 구

가을걷이 도구로는 돌로 만든 반달칼과 돌낫이 주로 사용되었고, 철기 시대에는 쇠낫과 쇠반달칼이 사용되었다. 반달칼은 주로 알곡 작물의 이삭을 따는 데 쓰였다. 채집을 할 때부터 시작된 이삭따기 풍습은 오랫동안 이어져 쇠 농구가 생겨나는 시기에 와서도 이삭따기 도구가 계속 만들어지게 되었다. 걷어들인 곡물은 잘 다듬어서 저장하거나 조리해서 먹었다. 돌로 만든 가공 도구로는 갈돌과 절구가 있었다.

▲ 반달칼
돌로 만든 반달칼은 복원품이고, 쇠로 만든 반달칼은 평안남도 영변 세죽리에서 발견되었다.

▶ 후치
땅을 파는 도구의 하나이다. 날 부분이 왼쪽은 얇고 오른쪽은 두텁기 때문에 흙이 왼쪽으로 젖혀지게 된다. 이 후치는 강 유역의 땅을 갈때 이용한 농구로, 수레바퀴와 함께 평안북도 염주군 주의리에서 발견되었다.

▶ **자귀**
나무 껍질을 벗기거나 다듬는 데 썼다.
돌자귀는 영남 장천리 등지에서 출토된
유물로 가장 오른쪽에 있는 것의 길이는
27.5cm이다. 청동 자귀는 황해남도
재령군 고산리 유적에서 출토된 것이며
길이는 5.5cm이다.

◀ **도끼**
벌목용으로 가장 많이 쓰인 도구이다.
돌도끼는 평안남도 평원 용상리에서,
청동 도끼는 충청남도 부여 구룡리에서,
쇠도끼는 충청남도 당진 소소리에서
발견된 것이다.

▶ **끌과 조각도**
오늘날의 끌이나 조각도 같이
나무를 섬세하게 가공하는 데 썼다.
돌끌은 함경북도 어랑 용평리에서,
청동 끌은 전라남도 화순 대곡리 등에서,
조각도는 전라북도 익산 용제리 등에서
출토되었다.

▶ **괭이**
돌괭이는 함경북도 범의구석
유적에서 출토된 것이고,
나무괭이는 광주 신창동에서,
쇠괭이는 평안북도 용연동에서
발견된 것이다. 괭이의 등에는
자루를 꽂는 구멍이 있고
날 길이가 길고 예리해서
나무 뿌리나 풀 뿌리를
캐는 데 알맞다.

▶ **따비**
땅을 일구는 도구. 청동기 시대의
실물은 남아 있지 않지만, 대전에서
출토된 농경문 청동기에 따비를
사용하는 그림이 그려져 있다.
날이 하나인 외날 따비와
날이 두 개인 쌍날 따비가 있다.
경상남도 창원 다호리에서는
철기 시대에 사용한 외날 따비가
출토되었고, 위 농경문 청동기에는
쌍날 따비가 그려져 있다.
그림은 쌍날 따비의 모습이다.

▼ **낫**
반달 돌칼에서 발전한 수확 도구이다.
돌낫은 전라남도 곡성 현정리에서
출토된 것도 길이는 20cm이며,
쇠낫은 청천강 이북 위원 용연동에서
발견된 것으로 길이는 21cm이다.

▶ **절구**
갈돌에서 발전한 가공 도구이다.
절구는 일본에서 유물이 많이 나오는데
우리 나라의 것도 비슷했다고 생각된다.
절구에 곡물을 넣고 가공할 때 쓰던
목제 절구 공이가 광주 신창동에서
출토된 바 있다.

▼ **갈돌**
평안남도 온천군 운하리 궁산 유적에서
출토된 유물이다. 낟알의 껍질을
벗기거나 알곡을 가는 데 썼다.
갈돌의 길이는 39.5cm이다.

'폭풍의 언덕' 검단리 마을에서 바다 쪽으로 조금 나가면 태화강변에 자리잡은 대곡리 반구대 마을이 나온다. 검단리 사람들이 농사짓기에 전념하는 지금도 대곡리 사람들은 고래 사냥 꿈을 꾼다. 그리고 그 꿈을 반구대에 힘찬 필치의 그림으로 새겨 넣고 있다.

물론 꿈만은 아니다. 배 만드는 기술이 발전하고 고기잡이 도구가 정교해짐에 따라 먼 바다로 고래를 잡으러 나가기가 한결 쉬워졌기 때문이다. 정착 생활의 원동력이었던 고기잡이는 농업이 기본 생업이 된 시대에도 이처럼 계속 발전하고 있다.

뚝딱! 통나무배 ● 대곡리 태화강변에서는 통나무배 만드는 작업이 한창이다. 여기서 고래를 잡으러 나가려면 강을 따라 내려가 장생포까지 가야 한다. 그러기 위해서는 크고 튼튼한 배가 반드시 필요하다.

숲에서 베어 온 아름드리 나무를 반으로 쪼개고 속을 파내는 것은 조선술의 기본이다. 단단한 속을 쉽게 파내기 위해 뜨거운 물을 붓고는 오래 불린다. 이어 자귀로 나뭇결을 따라 속을 파내는데, 이 물이나 고물처럼 나뭇결을 거슬러 파야 할 때는 불로 지진다. 이렇게 완성된 통나무배는 단단하면서도 가벼워 운반하기 쉽다.

고래야, 게 섰거라 ● 고래를 잡으러 나갈 때는 반구대 바위그림 앞처럼 신성한 제사 장소나 바닷가에 모여 엄숙한 의식을 치른다. 이때 고래 사냥의 성공을 빌며 희생을 바치기도 한다. 그런 다음 여러 척의 배가 선단을 이루어 바다 가운데로 나아간다. 이 선단에는 선장은 물론, 작살을 꽂는 사람, 밧줄을 잡아당기는 사람, 노 젓는 사람 등 없어서는 안 되는 여러 사람이 참가한다. 고래말고도 물렁돔, 참돔, 황새치, 고등어와 같은 먼 바다 물고기들을 다량으로 포획할 때도 있다. 그물추나 그물바늘이 다량 생산되면서 깊은 바다 속에 투망이나 후릿그물을 쳐서 한꺼번에 많은 물고기를 잡을 수 있는 어망법이 개발되었기 때문이다.

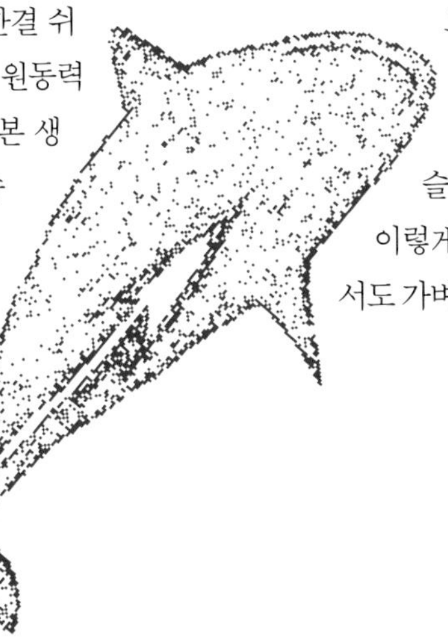

▶ **작살 맞은 고래**
울산 반구대 바위그림에 새겨져 있는 고래 그림이다. 고대에 배를 타고 바다로 나가 작살을 이용하여 고래를 잡는 어로 활동이 활발하였음을 보여 준다.

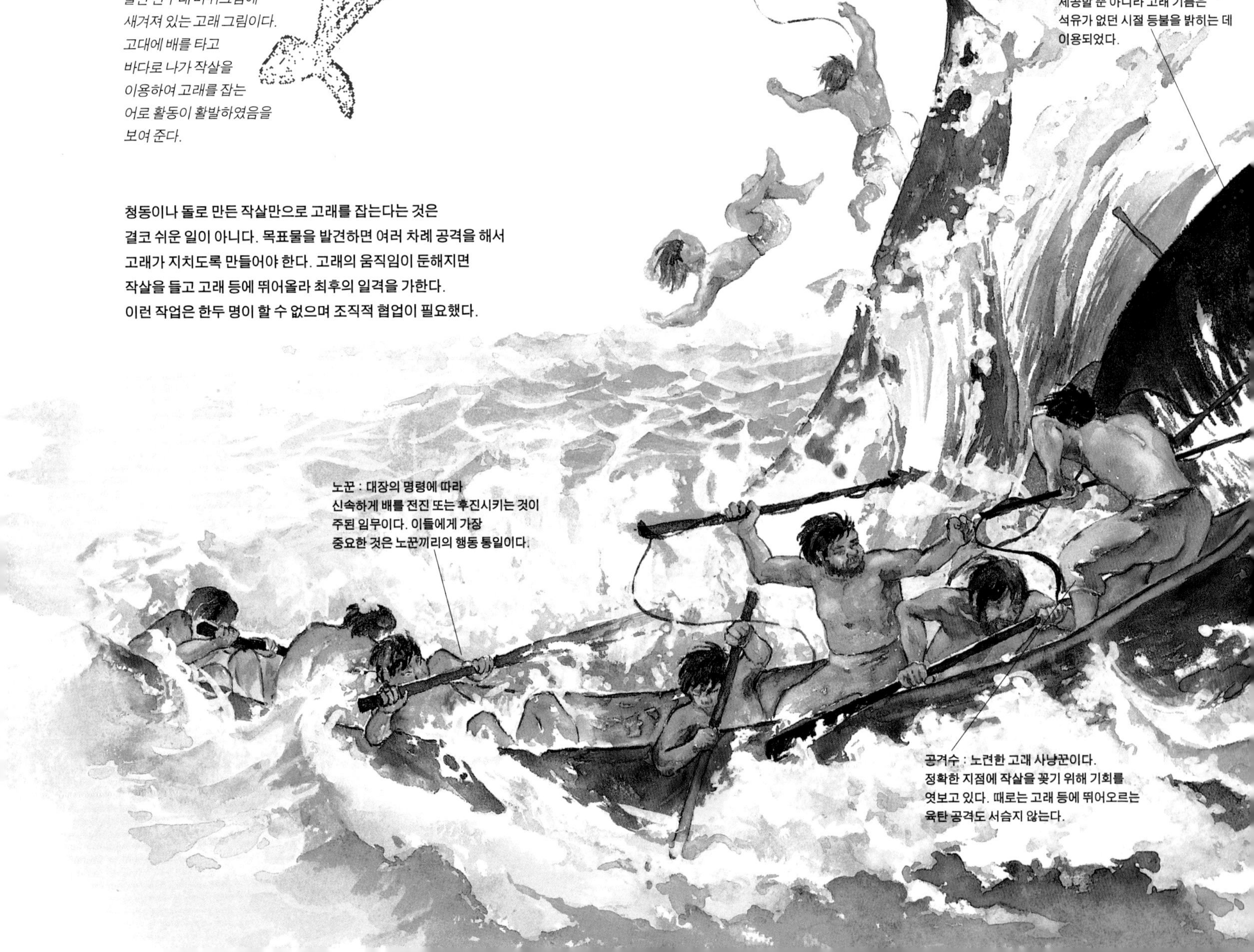

청동이나 돌로 만든 작살만으로 고래를 잡는다는 것은 결코 쉬운 일이 아니다. 목표물을 발견하면 여러 차례 공격을 해서 고래가 지치도록 만들어야 한다. 고래의 움직임이 둔해지면 작살을 들고 고래 등에 뛰어올라 최후의 일격을 가한다. 이런 작업은 한두 명이 할 수 없으며 조직적 협업이 필요했다.

향유고래 : 풍부한 살코기를 제공할 뿐 아니라 고래 기름은 석유가 없던 시절 등불을 밝히는 데 이용되었다.

노꾼 : 대장의 명령에 따라 신속하게 배를 전진 또는 후진시키는 것이 주된 임무이다. 이들에게 가장 중요한 것은 노꾼끼리의 행동 통일이다.

공격수 : 노련한 고래 사냥꾼이다. 정확한 지점에 작살을 꽂기 위해 기회를 엿보고 있다. 때로는 고래 등에 뛰어오르는 육탄공격도 서슴지 않는다.

도랑 치고 가재 잡고 ● 그렇다면 바다에서 멀리 떨어진 농촌 마을 검단리는 고기잡이와는 완전히 인연을 끊었을까? 천만의 말씀! 이 마을 대장간에는 청동으로 만든 낚시바늘 거푸집이 발견된다. 낚시처럼 손쉽고 즐거운 단백질 보충법이 어디 있으랴!

또 벼농사가 시작되면서 성행하는 고기잡이 방법도 있다. 논농사에는 물이 흐르는 수로와 도랑이 필요하다. 그러자 이곳으로 물고기나 가재 같은 것들이 들어오게 되었다. 이때 도랑에서 고기를 잡는 도구로 등장한 것이 통발이다. 통발이란 바구니 모양의 통 안쪽에 대 조각을 둥글게 대고 작은 구멍만을 남겨 놓은 도구로, 물고기가 통발의 좁은 구멍 속으로 빠져 들어갔을 때 들어올리기만 하면 많은 물고기를 얻을 수 있다.

논은 만들기가 어렵지, 일단 만들기만 하면 쌀과 물고기를 거저 얻는 보물 단지인 셈이다.

▶ **청동 낚시 거푸집**
예리하고 부러지지 않는 청동제 낚시는 이 시대 강태공들이 가장 가지고 싶어한 물품이었을 것이다. 전라남도 영암에서 출토된 낚시 거푸집이며, 낚시는 거푸집의 한쪽 면만 이용해서 만들었다.

▲▶ **가리와 통발** : 통발은 논의 수로 등에서 민물고기를 잡는 도구이다. 통발은 속으로 들어갈수록 좁아지게 만들어져 있어 고기가 들어갈 수는 있어도 나올 수는 없다. 통발이 강물 속에 설치해 두는 도구인 반면, 가리는 물고기의 위치를 확인한 다음 가두어서 잡는 도구이다.

고래 작살 : 날카로운 청동 작살촉이 달려 있으며 긴 끈을 매달아 던진 다음에도 회수할 수 있도록 하였다. 끈의 한쪽 끝은 통나무 배에 묶여 있다.

통나무 배 : 통나무 반쪽으로 만든 길고 날씬한 배로 오늘날 카누와 유사하다. 통나무 배는 뗏목과 함께 인류가 만든 최초의 배이다.

사냥과 가축 | 황금알을 낳는 거위

▲ **돌화살촉**: 예술품에 가깝지만 실제 무기로 사용된 것이다. 마치 금속기처럼 매끈하고 예리하게 다듬었다. 화살촉은 잃어버리기 쉬워 귀한 청동을 사용하기보다 이와 같이 돌을 잘 다듬어서 썼다.

인간은 타고난 사냥꾼이다. 워낙 꾀가 발달한데다 조직적으로 움직이기 때문에 한번 그 표적이 되면 피할 수 있는 동물은 거의 없다. 아래 그림은 한 고대의 촌락 구성원들이 몰이 사냥을 나가는 장면과 사냥을 마치고 귀가하는 장면을 그린 중국 원난성 바위그림이다. 이 그림에는 그러한 사냥의 다양한 모습이 잘 나타나 있다.

이들은 주로 농사를 짓지만, 수확을 끝낸 늦가을과 겨울의 농한기에는 수십 명이 무장을 하고 수십 마리 짐승을 몰이 사냥으로 잡는다.

자, 문제는 이제부터다. 이렇게 잡은 많은 짐승을 한꺼번에 먹어치울 수도 없고, 이를 어찌할 것인가? 아직 많은 고기를 저장하는 방법은 모르고…… 그 대답을 만주 지린성 지역에 사는 부여 사람들에게서 찾아보자.

살아 있는 '통조림' ● 부여 사람들은 요즘 집 앞에서 꿀꿀대고 있는 돼지들만 보면 흐뭇하다. 이놈들은 사냥으로 잡은 멧돼지였는데, 다 잡아먹지 못해 이처럼 기르기 시작했다.

이 지역 초원 지대는 평양 남경 마을과는 달리 농사에는 그리 적합하지 않은 반면, 짐승들이 먹을 풀들은 사방에 널려 있다. 그래서 일찌감치 목축에 눈을 뜬 것인데, 그렇게 기른 집짐승이 사람들에게 큰 이익을 안겨 주고 있다. 사냥한 짐승은 곧 먹어치우지 않으면 안 되지만, 집짐승은 살아 있는 통조림이다. 필요에 따라

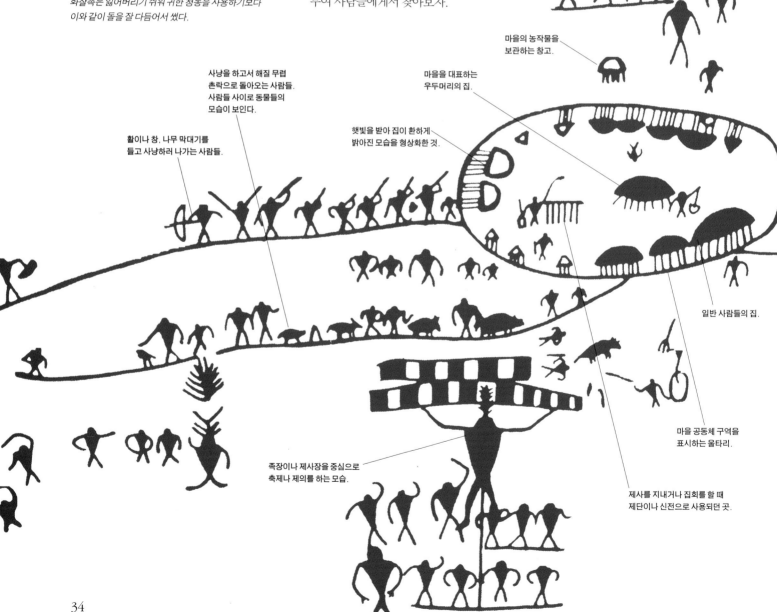

마을의 농작물을 보관하는 창고.

사냥을 하고서 해질 무렵 촌락으로 돌아오는 사람들. 사람들 사이로 동물들의 모습이 보인다.

마을을 대표하는 우두머리의 집.

활이나 창, 나무 막대기를 들고 사냥하러 나가는 사람들.

햇빛을 받아 집이 환하게 밝아진 모습을 형상화한 것.

일반 사람들의 집.

마을 공동체 구역을 표시하는 울타리.

족장이나 제사장을 중심으로 축제나 제의를 하는 모습.

제사를 지내거나 집회를 할 때 제단이나 신전으로 사용되던 곳.

아무 때나 먹을 수 있을 뿐 아니라 시간이 갈수록 마릿수도 늘어난다. 또 유용한 교통수단인 말을 길러서 다른 곳에 팔면 돈을 벌 수도 있다. 한마디로 '황금알을 낳는 거위'인 셈이다.

목축은 짐승의 모양까지 바꾼다 ● 두만강 유역에 자리잡은 범의구석 마을 사람들은 일찍부터 멧돼지를 잡아다 길렀다. 그 결과 특이한 현상이 생겼다. 길게 나왔던 멧돼지 주둥이가 점점 짧아져 이제는 뭉툭하게 바뀐 것이다. 이 마을 장인들은 돌을 깎아 이런 신종 돼지의 모습을 조각해 놓기도 했다.

이처럼 주둥이가 짧아진 것은 멧돼지를 우리에 넣고 매일같이 먹이를 준 결과이다. 자연 속에서 먹이를 잡아먹기 위해 애를 쓰지 않아도 되니까 주둥이가 길 필요가 없기 때문이다. 이런 현상은 개나 소 같은 다른 가축에게도 약간씩 나타나고 있다.

힘을 빌려 주는 집짐승 ● 부여나 범의구석에서 기르는 돼지는 두말할 것 없이 식용이다. 그런데 집짐승의 용도는 그 밖에도 다양하다. 개는 이미 신석기 시대부터 다른 짐승을 잡는 사냥용 도구로 활용되어 온 대표적인 예이다. 나아가 소는 힘이 세고 우직한 특성을 살려 짐을 싣고 나르는 데 주로 쓰인다.

이처럼 인간에게 힘을 빌려 주는 짐승으로는 소 말고도 그보다 훨씬 우대받는 말이 있다. 특히 전쟁이 자주 일어나면서 발걸음이 빠른 말은 병사들의 기동성을 높이는 데 절대적인 역할을 하게 되었다. 뿐만 아니라 갈기를 휘날리는 멋진 말의 모습은 왕이나 족장의 권위를 높이는 데도 한몫 단단히 한다.

부여나 고조선의 왕들은 말을 어찌나 좋아하는지 허리띠에까지 말 모양의 장식을 달고 다닌

다. 심지어 죽어서까지 자기가 아끼던 말과 함께 묻히는 왕이나 족장도 있다.

사냥은 이제 그만? ● 알곡 생산이 늘어나고 집짐승 기르기가 점차로 발전되어 가던 기원전 2천 년부터 사람들의 경제 생활에서 사냥의 비중이 줄어든 것은 사실이다.

그런 까닭에 사냥 도구의 양도 신석기 시대에 비해 별로 늘어나지 않았고, 도구의 질도 별로 개선되지 않았다. 또 앞에서 본 몰이 사냥처럼 사냥 기술도 그 옛날에 비해 크게 달라진 것이 없다. 이전에 사냥용으로 많이 쓰던 창끝을 요즘에는 고기잡이나 전쟁에 더 많이 쓸 정도이다.

그러나 사람들이 잡아들이는 산짐승의 종류는 옛날보다 더 많아졌고 그 수도 훨씬 늘어났다. 한 번을 잡아도 확실하게 많이 잡기 때문이다. 이처럼 사냥은 비록 그 비중이 줄어들었지만 여전히 무시할 수 없는 식료품 조달 방식으로 남아 있다.

영양가 높은 고기와 옷감, 쓰개와 목도리, 신 등 여러 가지 생활 필수품을 제공하는 사냥은 청동기 시대 이후로도 계속해서 중요한 인간 활동의 영역으로 남을 것이다.

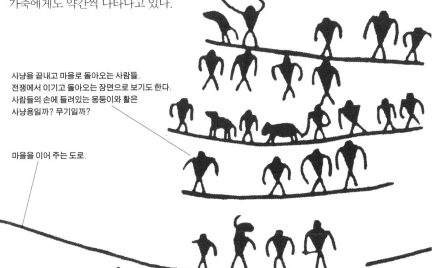

사냥을 끝내고 마을로 돌아오는 사람들. 전쟁에서 이기고 돌아오는 장면으로 보기도 한다. 사람들의 손에 들려있는 몽둥이와 활은 사냥용일까? 무기일까?

마을을 이어 주는 도로.

청동기 시대 한 마을 사람들의 생활을 그린 중국 윈난성의 바위그림이다. 집단 사냥을 마치고 귀가하는 모습으로 보이지만, 전쟁 장면을 묘사한 것이라는 해석도 있다. 중앙의 타원형은 촌락의 범위를 나타내고 타원 안의 그림은 건축물을 의미한다. 사방에 도로 표시가 있다.

▲ **돼지 머리 조각품 :** 함경북도 범의구석 유적에서 나온 돼지 머리 조각품이다. 청동기 시대 두만강 유역의 사람들이 집짐승으로 돼지를 길렀음을 보여 준다. 이외에도 북쪽 지방에서 돼지 모양의 조각품들이 여러 개 발견되었다.

▲ **소와 멧돼지 :** 반구대 바위그림의 일부분이다. 맨 위의 동물은 소이고, 아래 세 마리는 멧돼지이다. 이들은 야생 동물이 아니라 집에서 기른 짐승일 가능성이 크다.

검단리 마을의 젊은 농사꾼 돌쇠(가명)가 잔뜩 부아가 치민 얼굴로 대장간으로 달려가고 있다. 친구인 대장장이가 벼려 준 청동 삭도로 돌낫의 자루로 쓸 나무를 깎는데, 이놈의 삭도가 힘 한 번 써보지 못하고 똑 부러진 것이다.

"야, 너 이걸 지금 칼이라고 만들었어?"

기세 등등하게 대장간 문을 박차고 들어간 돌쇠는 그만 말을 잇지 못하고 그 자리에 얼어붙은 듯 섰다. 족장과 그 부하들이 서슬 퍼런 표정으로 대장장이들의 작업을 지켜보고 있었기 때문이다. 10월의 국중대회가 다가옴에 따라 족장이 차고 갈 청동검과 청동 방울을 만드는 중이었다. 아무리 수확 도구를 만드는 게 중요하다 해도 족장의 장신구보다 우선일 수는 없다. 지금은 위아래가 분명한 금속 시대니까.

구리의 발견 ● 대장간은 온통 구릿빛 일색이다. 구릿빛 피부의 사내들이 바닥에 잔뜩 쌓여 있는 구릿빛 동광석들을 활활 타오르는 불길 위의 도가니에 쏟아붓고 있다.

사람들이 자연에서 현무암 속에 들어 있는 천연 구리를 발견하고 사용한 지도 꽤 오래되었다. 그러나 천연 구리는 물러서 돌보다 쓰임새가 크지 않았다. 그런데, 어느 천재였던가? 화산이 폭발할 때 현무암이 이글이글 녹아내리다가 식으면 아주 단단히 굳어 버리는 광경을 보고 기발한 생각을 해낸 것은.

그의 제안으로 사람들은 결정 형태의 천연 구리를 고온의 불 속에 넣어 녹이기 시작했다. 그리고 숱한 시행착오 끝에 구리에다 다른 광물을 섞어 마침내 단단한 청동기를 만들어 냈다.

청동 합금의 비밀 ● 구리에 섞는 광물로는 무엇보다 주석이 첫손 꼽히며, 주석을 섞은 구리를 청동이라고 부른다. 주석이 많아짐에 따라 붉은색에서 황색으로 변하다가 25%가 넘으면 은백색을 띠게 된다. 청동은 주석을 많이 섞을수록 단단해지지만, 섞는 분량이 35%가 넘으면 도리어 쉽게 깨진다.

주석이 알맞게 섞인 청동은 비교적 단단해서 삭도같이 농기구를 만드는 공구에 많이 쓰인다. 그러나 청동 방울 같은 장신구를 만들 때는 주석보다는 납과 아연, 인 등을 많이 넣는다. 이들 원소는 장신구의 주조를 쉽게 하고 좋은 색깔을 얻는 데도 유리하기 때문이다. 요컨대 청동기의 합금 비율을 만들고자 하는 도구나 장신구의 특성에 맞게 선택하는 것이다.

청동기 제작 과정은 크게 재료 준비, 쇳물 만들기, 거푸집에 쇳물 붓기, 끝손질의 순서로 이루어진다. 이에 앞서 구리와 주석 광석을 구해야 하고, 연료로 쓸 숯도 구워야 한다. 그리고 청동기의 모양에 맞게 거푸집도 만들어야 한다. 이처럼 청동기를 만드는 과정은 대단히 어렵고 복잡하다. 이 때문에 일반인들은 만들 수 없었으며 전문 기술자들이 등장하였다.

❶ 재료 준비
도가니에 구리와 주석을 넣으면 되는데, 문제는 물건에 따라 정확한 양을 넣어야 한다는 사실이다. 저울도 없는데 그 양을 어떻게 맞추었을까. 그것은 기술자들만이 아는 노하우였다.

❷ 센 불 만들기
구리는 1,083℃에서 녹는데 나무로는 이 온도를 낼 수가 없다. 청동기인들은 도가니를 숯으로 가득 덮고 풀무를 이용해 바람을 불어넣음으로써 이 온도를 유지할 수 있었다. 따라서 숯과 풀무는 청동기 제작에 없어서는 안되었다.

❸ 쇳물 받기
구리와 주석이 녹으면서 청동 쇳물이 되어 밖으로 흘러나오면, 재빨리 도가니로 쇳물을 받는다.

❹ 거푸집에 쇳물 붓기
거푸집의 쇳물 주입구를 위로 세우고, 끊기지 않게 쇳물을 구멍에 붓는다. 쇳물이 끊기면 청동기에 흠집이 생겨 불량품이 된다.

청동 거울아, 누가 더 예쁘니 ● 검단리 족장과 무당의 딸들은 청동 거울 보는 재미에 잠이 안 올 것 같다. 청동 거울은 본래 무당이 차고 다니는 장신구이지 얼굴을 비추는 거울은 아니다. 그래도 매끈하고 반짝반짝 빛나게 다듬은 청동 거울을 보고 몸치장과 화장을 하는 재미는 제법 쏠쏠할 테니까.

손칼이나 끌, 송곳, 활촉 같은 청동 도구는 거푸집으로 모양을 만들고 그 속에 구릿물을 부어 만든다. 그러나 무늬가 정밀한 가락지나 팔찌, 단추, 방울 등 장신구는 거푸집에 모양을 새기지 않고, 진흙이나 밀랍(벌집) 따위에 모양을 새긴 속틀이 있어야 한다. 여기서 먼저 모양을 만든 다음, 겉면의 거친 부분이나 티끌 등을 세심하게 갈아내는 것이다.

구리의 발견에서 시작된 기술의 진보는 이처럼 생산뿐 아니라 생활에도 여유와 멋을 가져오고 있다.

◉ 거푸집

거푸집은 청동 쇳물을 담는 그릇으로 쇳물이 굳어지면 거푸집의 모양 그대로 형태가 만들어진다. 칼이나 도끼 등 단순한 청동기의 거푸집은 만들기 쉽지만, 방울과 같은 복잡한 청동기 거푸집을 만드는 일은 결코 쉽지 않다. 이런 입체형 청동기는 특별한 비법이 있었다. 진흙과 밀랍(벌집)을 이용해서 만드는데 우선 진흙으로 모양을 만들고 그 위에 부드러운 밀랍을 바른 다음 무늬를 새기고 다시 진흙으로 전체를 감싼다. 불에 구우면 밀랍은 녹아 버리고 방울 모양의 속이 빈 진흙 거푸집이 완성된다. 진흙 거푸집은 복잡한 모양을 만들 수 있지만 제작이 어렵고 한 번밖에 쓸 수가 없었다. 그래서 일상적 도구는 여러 번 쓸 수 있는 돌 거푸집을 이용하였다.

▲ **유리 거푸집** : 전라남도 해남 군곡리에서 발견되었다. 청동기 시대에는 색색의 유리 구슬로 만든 장신구가 널리 쓰였다. 유리 구슬은 청동기와 마찬가지로 거푸집을 이용해서 만들었다.

▲ **청동검 거푸집** : 초부리에서 출토된 청동검 거푸집 세트이다. 거푸집은 대부분 '활석'이라는 연한 돌로 만들었는데, 활석은 조각하기가 쉽고 주조할 때 터지지 않으며 표면 또한 매끄럽다. 고대인들은 오랜 세월 돌을 다루어 왔기에 돌의 질감을 잘 알고 활용했던 것이다.

❺ **끝손질**
거푸집이 식으면 주조된 청동기를 꺼내서 흠집이 없는지 확인한다. 칼이나 도끼는 숫돌에 갈아서 날을 세우고 손잡이를 달면 완성품이 된다.

변화가 밀려오는 언덕 마을의 삶

신석기 시대의 씨족 공동체 마을에 비하면 국가가 형성되는 청동기 시대의 마을은 훨씬 풍요로워 보인다. 집들도 커지고 음식과 옷도 풍부해 졌으며, 심지어는 무덤조차 화려해졌다. 그러나 이 같은 풍요의 결실이 모든 사람에게 돌아가지는 않는다는 점에서 새로운 시대는 두 얼굴을 가진다.

집 짓기 | 한 집에서 따로 살기

고조선 마을 세죽리(평안남도 영변군)에 사는 영지(가명)네 가족은 그 동안 살던 움집을 헐고 새 집을 짓기로 했다. 집이 너무 낡은데다 동생이 한 명 더 태어나 비좁아졌기 때문이다. 기둥과 서까래로 쓸 나무들을 잘라다 놓고, 돌삽과 자귀 따위의 도구들을 준비한 영지네는 맑은 날을 기다려 공사에 들어갔다.

조금만 더 땅 위로 ● 옛날 신석기 시대에는 바닥을 둥글게 해서 지붕도 원뿔 모양으로 올리는 경우가 많았다. 그러나 청동기 시대와 초기 철기 시대로 들어오면 직사각형으로 바닥을 파고 맞배식('人' 자 모양)으로 지붕을 올리는 것이 일반적인 관행이 되었다.

물론 바닥은 여전히 땅 밑으로 20cm 정도는 파고 들어가야 한다. 아직 땅 위에 벽체를 세울 수 있을 정도로 기술 수준이 발달하지 못했기 때문이다. 그래도 40~50cm까지 파들어간 이웃집들 보다는 낫다.

바닥의 흙은 습기를 없애기 위해 불에 태워 굳히고 그 위에 짚으로 엮은 삿자리나 나무 껍질을 깐다. 땅속으로 파고들어간 움벽에도 판자나 나무 껍질을 대어 습기를 막는다.

들보와 서까래가 있는 집 ● 이제 가장 중요한 기둥을 세울 차례이다. 이곳 마을에는 기둥을 세 줄로 세우는 집도 있지만, 대부분의 집들은 네 줄로 기둥을 세운다. 이 기둥들은 도리로 연결해 고정시키고 그 위에 들보를 가로로 올려 놓는다. 들보 위에는 집의 길이에 해당하는 길다란 마루 도리(종도리)를 걸어 그 좌우 두 경사면에 서까래를 댄다. 그러면 집의 구조가 완성되는 것이다.

온돌 난방의 시작 ● 집 바닥이 높아진 만큼 땅속의 열을 이용하는 데 한계가 있으므로, 인위적인 보온 방법을 찾지 않으면 안 된다. 다행히 이곳 세죽리 사람들은 얼마 전부터 쪽구들이라는 온돌 난방 시설을 써왔다.

쪽구들은 방바닥 한쪽에 'ㄱ' 자 모양으로 구들을 깔고 그것과 연결된 부엌 아궁이에 불을 지펴 구들장을 덥히는 방법이다. 이제 방 한가운데 놓인 화덕 주위에 쪼그리고 앉아 군불을 쪼이려고 바둥거리지 않아도 된다. 부엌에서는 이 불로 음식을 조리하고 방안에서는 누워 온몸을 녹일 수 있으니, 일석이조의 난방법인 셈이다.

공간의 구분 ● 이제 큰 집을 지었으니 온 가족이 한방에 모여 살던 생활에서 벗어나 칸막이를 하기로 했다. 그렇게 하면 부모의 잠자리도 따로 만들어지고 그에 따라 아이들의 공간도 만들 수 있기 때문이다.

옛집에서는 둘 데가 없어 곤란했던 가재도구의 수납 공간도 따로 마련했다. 그런가 하면 집 옆에는 다락 창고를 세워 곡물과 농사 도구들을 놓아 두기로 했다. 아직 많이 불편한 대로 신식 주택을 갖게 된 영지네 가족은 흐뭇한 마음으로 시루에 떡을 쪄 이웃에 돌리기로 했다.

서까래 : 길이가 짧아서 채광과 통풍이 움집보다 유리하다.

기둥 : 지붕의 무게를 감당할 수 있도록 가장 굵은 나무를 썼으며, 자연 그대로 나무의 가지 쪽이 위로 가 있어 안정감이 있다.

긴 마루 도리 위에 차례로 서까래를 얹었으며, 기둥이 절반 이상 지상으로 올라왔다.
가옥이 지상으로 올라올수록 채광과 통풍에 유리하고 드나들기가 편리한 반면,
비바람과 추위를 막을 수 있는 난방에는 불리하다.
이 집은 지상으로 올라오면서 화덕을 두 개로 늘리고 쪽구들을 설치하였다.

쪽구들 : 끝에서 불을 때면 불기운이
통로를 지나면서 위에 얹힌 넓적한
돌(구들장)을 데운다. 이 시대에 처음
등장한 난방 기구이다.

마루 도리 : 지붕 가장 꼭대기에
걸리며 서까래를 지탱한다.
움집에는 없던 새로운 구조물이다.

도리 : 기둥과 기둥을
연결해 주는 목재로 기둥에
주는 부담을 줄이기 위해
가는 나무를 썼다.

화덕 : 조명, 취사,
난방 문제를 동시에
해결해 주므로,
여전히 집에서
가장 중요한 시설물이다.

지붕 재료 : 알곡을 털고 남은 짚단은
좋은 지붕 재료가 된다. 그러나 짚단은
쉽게 썩기 때문에 한 해나 두 해가 지나면
새로운 것으로 바꿔야 한다.

화로가 양쪽 두 군데에 자리잡고 있는
비교적 큰 집이다.
이 가족은 앞쪽은 부엌으로,
뒤쪽은 안방으로 활용하고 있다.
용도에 맞게 집안 공간을
구분해서 쓰는 모습이 신석기인들의
집안 생활과 확연히 구분된다.

저장용 토기 : 다른
그릇보다 크고 물건을
넣고 꺼내기 쉽도록
아가리가 넓은 것이
특징이다.

시루 : 밥이나 떡뿐 아니라
채소나 물고기, 육류를 찌는
데도 이용되는 만능 조리
기구이다.

가마솥 : 음식을 끓이거나
시루를 얹을 때 쓰는 가장
기본적인 조리 기구이다.

소금 그릇 : 암염이나
해조류에 붙어 있는
소금을 모아 두었다.
곡물을 주로 섭취하는
사람들에게 소금은
없어서는 안 될 식품이다.

대접 : 청동기 시대에는
주식을 중심으로 개인별
식기가 사용되었다.

떡을 찌기 위해서는 우선 곳간에서 쌀을 퍼다가 부엌에서 갈돌로 빻는다. 이렇게 빻은 가루에 물을 넣어서 반죽을 한 다음 이 반죽을 시루에 넣고 찐다.

그러면 정성들여 길러 온 돼지를 한 마리 잡아 고깃국도 끓인다. 새 집을 마련한 오늘 같은 날은 족장 집에서나 맛볼 수 있던 흰쌀밥까지 먹는 즐거움을 누려 보자.

농경의 발달과 더불어 변화된 식생활의 백미는 역시 곡물을 위주로 한 주식과 그 밖의 반찬이 나뉘어졌다는 것이다. 밥에다 고깃국, 그리고 각종 반찬이 만들어지면, 이 음식들을 흙으로 만든 단지며 보시기, 사발, 접시등에 정성껏 담아 수저와 함께 밥상에 올려놓는다. 여기다 곡물과 과일로 빚은 술을 주전자에 가득 담아 상에 내놓으면 금상첨화이다. 이런 음식상을 보면 영지네 아빠는 공연히 목이 칼칼해 오고, 아이들은 아이들대로 군침이 절로 돈다.

반찬도 먹는다 ● 각종 영양소를 공급하는 반찬은 주로 육류, 물고기, 채소, 산나물 등으로 만든 것이다. 그 옛날 사냥과 채집으로 살아가던 신석기 시대부터 주로 먹던 음식들이다.
반찬 목록을 한번 열거해 보자.
소, 돼지, 닭 등 집짐승과 사슴, 노루 등 산짐승

고기는 잔치나 명절 때 먹는 음식뿐 아니라 제물로도 널리 쓰인다.

어패류로는 송어·연어·고등어·명태·이면수 등 물고기와 대합·굴·백합·소라·전복·우렁이·홍합 등이 있다.

채집으로 얻는 밤·대추·배·호두·잣·도토리와 같은 열매와 고사리·미나리·도라지·더덕·참나물·달래·쑥과 같은 산나물도 빠질 수 없다.

조미료의 등장 ● 밥 이외의 부식물을 그냥 삶아 먹거나 날로 먹는다면 건강에는 좋을지 모르지만 맛은 그다지 신통치 않다. 그래서 맛을 내기 위해 조미료를 쓰는데, 조미료의 원조는 역시 소금이다.

소금은 조미료뿐 아니라 부패 방지제로도 일찍부터 쓰였다. 물고기, 조개류, 산나물 등도 소금으로 절였다가 요리한다.

이곳 고조선 지역은 콩의 원산지라서 콩을 발효시켜 만든 간장과 된장을 조미료로 많이 먹는다. 이 나라의 건국 신화인 단군 신화에 나오는 마늘과 쑥도 조미료나 반찬으로 인기다. 이것들이 피부를 희게 해주는 미백제로 쓰인다는 말도 있다. 동굴 속에서 인간이 되는 경쟁을 벌였던 범과 곰도 아마 마늘과 쑥을 먹고 얼굴이 하얀 미인이 되려고 하지 않았을까?

▲ **시루:** 물을 담은 큰 솥을 아래에 놓고 그 위에 시루를 얹은 다음 수증기를 이용해 음식을 익힌다. 서양 요리가 바비큐와 같이 직접 가열해 먹는 '구이'가 발달했다면 한국 요리는 이와 같이 찌는 조리법에 의한 '찜'이 발달하였다. 찌는 방법은 음식을 태울 염려가 없어 직접 가열하는 것보다 안전하다.

● 화장실로 본 식생활

고대 사람들의 식생활을 알아내려면 당시 집자리와 부뚜막에서 나오는 음식물을 확인하는 것이 가장 정확할 것이다. 그러나 아쉽게도 음식물은 집자리에서 거의 나오지 않는다. 따라서 요즘 고고학 발굴을 하는 사람들은 당시 생활상 복원과 관련하여 화장실을 찾으려고 노력한다. 화장실은 늪지대처럼 나무 같은 것이 썩지 않고 남아 있고, 당시 사람들이 먹었던 음식의 배설물이 남아 있어 그것을 분석하면 무엇을 먹었는지 알 수 있기 때문이다. 특히 화장실 토양 속에서 채취된 흙 속의 기생충은 당시 사람의 식생활을 알 수 있는 좋은 자료이다. 회충과 편충은 음식물의 섭취를 통해 만들어진 몸속의 영양분을 먹고 살기 때문이다. 서북 유럽의 한 저습지에서 'Bog man'이라는 사람의 시체가 썩지 않은 채 발견되었는데, 그 사람의 위장을 해부하여 죽기 몇 시간 전에 먹었던 음식을 알아냈다. 우리 나라에서도 1994년 광주 신창동 유적에서 회충알과 편충알이 발견된 적이 있어 당시 사람들이 지금과 같은 곡물과 채소류를 먹었던 것을 알 수 있었다.

▲▶ **각종 식사 도구**
왼쪽에서부터
국자, 뼈로 만든 숟가락,
뼈칼이다.
풍요로운 식생활은
식사 도구의 발전을 가져왔다.

민무늬토기 열전

기원전 1천 년경부터 만주와 한반도 일대의 토기는 겉모양이 크게 바뀐다. 이전의 아름다운 빗살무늬가 사라지기 시작한 것이다. 처음에는 바닥 부분의 무늬부터 없어지기 시작해서 몸통, 아가리 부분의 무늬들이 차례차례 모습을 감추고, 어두운 갈색의 민무늬토기만 나타난다. 토기 굽는 기술은 더 발전했을 텐데 왜 더 예뻐지기는커녕 이렇게 되었을까? 먼저 무늬를 새길 필요가 없어진 기술상의 이유를 들 수 있다. 신석기 시대에 빗살무늬를 새긴 것은 토기가 갈라지는 것을 막기 위해서였다. 그러나 이제는 밀폐된 가마에서 고온으로 단단히 구워 낼 수 있기 때문에 굳이 그런 무늬를 새길 필요가 없었으리라. 실용성에서 한 단계 진보한 이 시대 토기들의 특성을 지역별로 살펴본다.

청 동 기 전 기 (기원전 700~300년)

청동기 시대에는 지역별로 독특한 토기가 나타난다. 이는 한반도 내 다양한 문화 특징을 지니는 주민 집단들의 존재와 관련 있는 것으로 보인다. 저마다 다른 토기를 제작한 주민 집단들은 초기 국가 이전의 소국(小國)을 이루고 있었다. 고조선·부여·진번·예맥·옥저 등이 여기에 해당한다. 이들 소국 중 정치적으로 가장 발달하여 초기 국가를 건설한 것이 고조선이다. 미송리형 토기와 팽이형 토기는 고조선 지역에서 사용된 토기였다.

서단산형 토기
부여가 세워지기 전 중국 지린성 일대에서 살던 서단산문화사람들이 주로 사용한 토기로 미송리형 토기와 동일하나 어깨에 무늬가 없는 것이 특징이다.

공귀리형 토기
길다란 몸체와 낮은 목, 손잡이가 특징이다. 예맥 계통의 주민이 사용한 것으로 보이며, 아가리가 넓고 바닥이 좁은 오른쪽 토기와 함께 나온다.

공렬문토기　　　　**구순각목문토기**

미송리형 토기
표주박의 윗부분을 잘라 낸 듯한 몸체에 양쪽에 손잡이가 달린 토기이다. 랴오닝(요녕)의 고조선 지역에서 사용된 토기로 보이며, 아가리에 점토띠를 두른 점토대토기와 함께 나온다.

붉은간토기　　　　**굽다리접시**

청동기 시대 이른 시기부터 한반도 동북 지방을 중심으로 아가리 주위에 구멍이 나 있는 공렬문토기와 아가리 주위를 새긴 구순각목문토기가 나온다. 이 밖에 한반도 전 지역, 특히 한강 이남 지역에서는 붉은 빛이 나고 표면을 매끄럽게 간 붉은간토기, 높은 받침대가 달린 굽다리접시 등이 광범위하게 사용되었다.

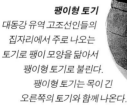

팽이형 토기
대동강 유역 고조선인들의 집자리에서 주로 나오는 토기로 팽이 모양을 닮아서 팽이형 토기로 불린다. 팽이형 토기는 목이 긴 오른쪽의 토기와 함께 나온다.

송국리형 토기
편평한 바닥의 작은 굽과 긴 달걀 모양의 몸체가 특징이며, 남한 최대의 청동기 시대 마을 터인 충청남도 부여 송국리에서 집중적으로 나왔다. 청동기 시대를 대표하는 남한 지역의 토기이다.

청 동 기 후 기 (기 원 전 300~100 년)

이 시기에는 한반도 전역에서 목이 길고 표면을 검게 간 검은간토기와 입 주위에 점토띠를 붙인 점토대토기가 주로 사용된다. 그리고 가지무늬토기와 같이 중국의 영향을 받은 토기가 제작되기 시작한다. 검은간토기와 점토대토기는 고조선 지역의 미송리형 토기가 변화된 것이다. 특히 한반도 전역에서 검은간토기와 점토대토기가 등장한다는 것은 고조선 문화가 이 시기에 이르면 한강 이남에까지 전파된 것을 의미한다. 이 시기에 고조선은 한반도 서북방에서 국가로 성장하였다.

점토대토기
청동기 후기에 검은간토기와 함께 만들어진 민무늬토기로 아가리 바깥쪽에 둥근 모양의 띠(대)를 말아 붙여 돌린 것이 특징이다. 랴오둥 지방의 영향을 받아 한반도 중부 이남 지역에서 출토된 것이다.

검은간토기
흑연 등 광물질을 바르고 표면을 갈아 광택을 낸 토기이다. 중국 랴오닝 지방에서 사용된 검은간토기가 한반도에 전파되면서 발전한 것이다.

초 기 철 기 (기 원 전 100~0 년)

기원전 2세기부터 기원 전후 무렵까지 남부 지방을 중심으로 새로운 민무늬토기가 유행한다. 민무늬토기의 마지막 단계라고 하여 종말기무문(민무늬)토기라고 한다. 종말기민무늬토기는 점토대토기와 유사하지만 크기가 훨씬 크고 아가리의 점토대가 얇아지는 것이 특징이다. 이는 앞시기 유행한 점토대토기 문화가 한반도 남쪽 끝에까지 영향을 미치면서 이들 지역의 문화적 특성을 반영하여 새롭게 제작된 것을 의미한다. 같은 시기 한반도의 다른 지역에서는 이미 철기 시대의 와질토기가 제작되고 있었다.

종말기무문토기
경상남도 늑도 지역에서 집중적으로 나타난다. 몸체가 유달리 길고 아가리 띠의 자른 면이 이전의 둥근 형태에서 세모꼴로 바뀌었다. 키가 큰 굽다리접시와 토기의 뚜껑이 함께 출토되는 것도 이 시기 토기 문화의 중요한 특징이다.

⊙ 미송리형 토기와 중국의 세 발 달린 토기

기원전 1천 년 전반에는 각 지역마다 정치 집단이 형성되어 독특한 청동기 문화가 꽃피었다. 이들 다양한 집단의 문화는 각 지역에서 출토되는 토기의 형태를 통해서 짐작할 수 있다. 미송리형 토기가 출토되는 지역은 초기 고조선 주민들이 생활한 지역이라고 추측된다. 미송리형 토기는 비파형 동검과 같은 시기에 제작되었으며, 북방식 고인돌이 발견되는 랴오둥~서북한 지역에서 집중적으로 출토된다. 미송리형 토기와 비파형 동검, 북방식 고인돌 모두 초기 고조선 주민들이 남긴 문화의 흔적인 것이다. 그런데 한 가지 흥미로운 것은 랴오허라는 강을 경계로 그 너머에는 미송리형 토기가 나타나지 않는다는 점이다. 랴오허의 서쪽 지역에서는 한반도 지역의 민무늬토기와는 질적으로 다른 '삼족기' 라는 세발 달린 토기가 집중적으로 나타난다. 삼족기는 중국에서 유행한 토기이므로, 이 지역에 중국 문화의 영향을 강하게 받은 정치 집단이 존재한 것으로 볼 수 있다. 결국, 삼족기와 미송리형 토기의 분포는 랴오허 일대를 경계로 동쪽에는 고조선이, 서쪽에는 다른 주변 집단이 살고 있었음을 말해 준다.

중국의 세 발 달린 토기 (삼족기) : 중국 홍산문화를 대표하는 우하량 유적에서 출토된 채색 토기.

가을이 깊어 가고 있다. 일하기에 바빴던 사람들이 오랜만에 옷매무새에도 신경을 쓴다. 세죽리를 비롯한 고조선 사람들은 대개 남자는 바지 저고리를 입는데 추우면 그 위에 겉옷도 걸친다. 또 머리쓰개를 하고 신발도 신는다. 여자는 여기다가 치마도 입는다.

물론 모든 사람이 다 좋은 옷을 입을 수는 없다. 지위의 높고 낮음, 재산의 많고 적음에 따라 옷과 장신구가 다르다. 이 점이 누구나 발찌 같은 장식을 하고 다니던 신석기 시대의 원시 공동체하고 달라진 점이다.

그러나 적어도 고조선 사람들은 여러 가지 직조 기술을 가지고 있어 다양한 옷감을 만들어낸다. 고조선뿐 아니라 저 아래 삼한 사람들의 베 짜는 기술이나 가죽옷 다듬는 솜씨는 중국 사람들도 다 알 만큼 정평이 나 있다.

일등급 베의 대명사 '맥포(貊布)' ● 영지 어머니가 베틀을 놀려 옷감을 짜는 솜씨는 세죽리 마을에서 둘째 가라면 서러워할 수준이다. 물레나 자새를 이용해 삼에서 실을 뽑아내면, 이 실을 베틀에 걸고 바디를 능숙하게 놀려 뚝딱 옷감을 만들어 낸다(아래 그림).

마을에서 유지 노릇을 하는 영지 아버지는 발이 가는 고운 베천으로 짠 옷을 입고, 영지 형제들은 굵은 베천을 써서 만든 서민들의 옷을 입는다. 그렇게 차려 입고 나면 이들이 언제 밭이며 뒷산에서 뒹굴던 사람들인가 싶을 만큼 수려한 멋쟁이들로 탄생한다.

품질 좋은 베를 짜는 고조선의 직조 기술은 나중에 이웃의 옥저에도 전파된다. 중국 사람들은 이 옥저의 베를 '맥포'라고 부르며 최고 등급으로 우대했다고 한다.

비단 장수 왕서방이 울고 가겠네 ● 영지네 식구는 귀걸이, 목걸이, 팔찌, 가락지 등으로 잔뜩 멋을 부리고는 길거리로 나섰다. 아버지는 바지 저고리에 두루마기를 걸치고 장식물을 단 머리쓰개도 썼다. 멋쟁이 아버지에게 쏟아지는 옆집 식구들의 부러운 시선이 느껴진다.

하지만 영지는 금방 기가 죽는다. 자기가 좋아하는 족장 집 딸이 비단 치마를 너울거리며 걸어가는 모습을 봤기 때문이다. 비단은 뽕나무를 심고 누에를 쳐서 뽑은 명주실로 짜는 옷감이다. 아주 가는 실로 곱게 짠 겸포는 족장급이 아니면 입기 힘든 최고급 소재이다. 비단의 원조는 중국 사람들로 알려져 있지만, 고조선과 삼한 지역에서도 이처럼 뽕나무를 길러 명주·비단을 짜 오고 있다.

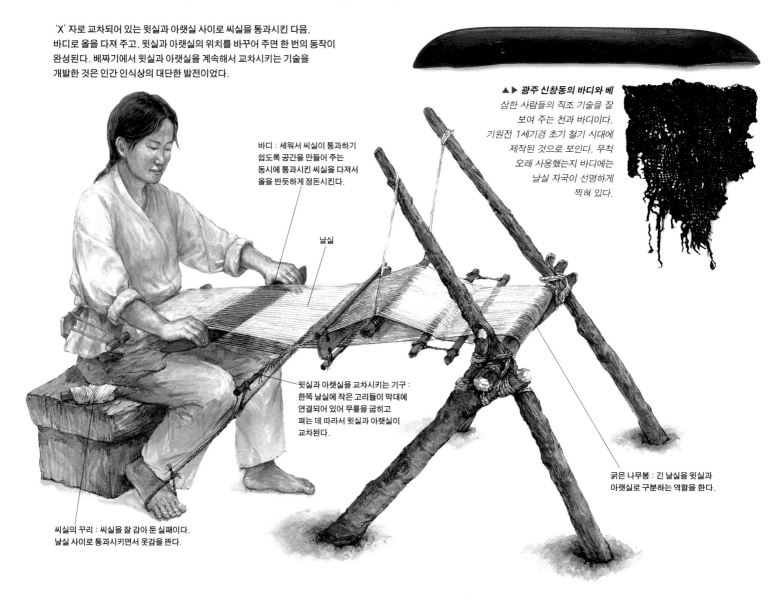

'X'자로 교차되어 있는 윗실과 아랫실 사이로 씨실을 통과시킨 다음, 바디로 올을 다져 주고, 윗실과 아랫실의 위치를 바꾸어 주면 한 번의 동작이 완성된다. 베짜기에서 윗실과 아랫실을 계속해서 교차시키는 기술을 개발한 것은 인간 인식상의 대단한 발전이었다.

바디 : 세워서 씨실이 통과하기 쉽도록 공간을 만들어 주는 동시에 통과시킨 씨실을 다져서 올을 반듯하게 정돈시킨다.

날실

윗실과 아랫실을 교차시키는 기구 : 한쪽 날실에 작은 고리들이 막대에 연결되어 있어 무릎을 굽히고 펴는 데 따라서 윗실과 아랫실이 교차된다.

씨실의 꾸리 : 씨실을 잘 감아 둔 실패이다. 날실 사이로 통과시키면서 옷감을 짠다.

굵은 나무봉 : 긴 날실을 윗실과 아랫실로 구분하는 역할을 한다.

▲▶ 광주 신창동의 바디와 베
삼한 사람들의 직조 기술을 잘 보여 주는 천과 바디이다. 기원전 1세기경 초기 철기 시대에 제작된 것으로 보인다. 무척 오래 사용했는지 바디에는 날실 자국이 선명하게 찍혀 있다.

가죽 명품 ● 보통 사람들이 신는 신발은 대개가 짚신이다. 하지만 아버지 같은 마을 유지나 족장 집 식구들은 대부분 가죽으로 만든 신을 신고 다닌다. 족장은 가죽 모자를 쓰고 청동 버클로 장식한 가죽 허리띠까지 찼다.

얼마 전 정가와자란 곳에서 죽은 귀족은 청동 단추가 장식으로 달려 있는 가죽 장화를 신은 채 무덤에 묻혔다. 석기 시대에는 거칠게 무두질해서 대충 몸에 걸치던 가죽이 이제 세련된 고급 의류와 액세서리로 변신한 것이다.

평양에는 전문적으로 가죽 제품만 가공하는 수공업자들도 있다. 이 같은 가죽 수공예에는 말, 소, 돼지, 개는 물론 사슴, 곰, 물개 등 다양한 동물의 가죽이 이용된다. 특히 족제비, 수달, 오소리 등의 비중이 높다. 호랑이 가죽과 표범 가죽은 다른 나라에 수출까지 하고 있으며, 이웃 나라 부여로부터는 명품으로 소문난 담비 가죽옷을 수입하기도 한다.

고품격 패션을 위하여 ● 베나 비단을 짜서 옷을 해 입고 가죽으로 된 신발을 신거나 모자를 쓴다고 해서 치장이 끝나는 것은 아니다. 음력 12월 축제 같은 특별한 날에는 옷에 다는 단추까지 청동으로 만들어 무늬를 새겨 넣는 등 온갖 장식물을 총동원해서 멋을 부린다.

이러한 장식물의 재료로는 금, 은, 동과 같은 금속과 품격 높은 비취옥, 붉은옥, 벽옥, 마노, 천하석, 대리석, 곱돌, 수정, 청석, 석회석 등 보석들이 쓰인다. 이들 재료는 희귀할 뿐 아니라 전문 세공업자들이 아주 세밀하게 가공하기 때문에 웬만한 부자나 권력자가 아니면 장식물로 사용하기 어렵다. 평양의 귀족들은 조그마한 허리띠고리 하나에도 말, 사자, 호랑이, 사람 등을 장식으로 세밀하게 조각하고 다닐 정도이다. 유난히 풍년이 든 올 가을, 제천 행사에 모인 사람들은 또 어떤 패션을 선보일까?

▼ **부여와 고조선 관리의 정장** : 고조선이나 부여 사람들은 흰색을 숭상하여 흰 옷을 즐겨 입었다. 외출할 때는 모자를 썼으며, 목걸이·귀걸이 등의 장신구를 달았다. 신발은 주로 가죽신을 신었고 작은 청동제 단추로 화려하게 장식하였다.

❶ 황금 귀걸이 : 부여 귀족들의 무덤이 집중되어 있는 유수시 노하심 유적지에서 출토된 귀걸이이다. 부여에는 황금이 많이 나서 귀족들이 금으로 된 화려한 장신구로 치장하기를 즐겼다고 한다.
❷ 옥 목걸이 : 목걸이 전체가 마치 이글거리는 태양과 같은 모양이다. 자연에 존재하는 옥석을 원통형으로 간 다음 가운데 구멍을 뚫는다. 이런 모양의 옥을 관옥이라고 한다. 사이사이에 끼워 있는 고리 모양의 옥은 굽은 옥이라는 뜻으로 곡옥이라고 한다. 경상북도 안동 사신동에서 출토되었다.
❸ 청동 단추 : 무덤에서 주인공의 발 부분에서 집중적으로 발견되며, 이를 통해 단추가 신발 장식으로 주로 쓰였음을 알 수 있다. 경상북도 영천 어은동에서 출토되었다.
❹ 청동 허리띠 장식 : 허리띠에 연결하는 장신구이다. 인류가 가장 먼저 장식하기 시작한 것은 허리로, 허리띠 장신구는 세계 각지에서 아주 일찍부터 등장한다. 영천 어은동 출토품이다.

드디어 음력 12월이다. 영지네 식구는 오랜만의 나들이라 산천 구경을 하다가 그만 축제에 늦었다. 제사가 끝나가고 모두들 함께 즐기는 '탁무'라는 춤과 노래의 시간이 다가오고 있었다. 오랜만에 만난 여러 마을 사람들은 서로의 근황이나 나라 소식을 주고받기도 한다.

이렇게 제사를 끝낸 뒤 음식과 술을 즐기면서 춤을 추는 것은 고조선뿐 아니라 부여, 삼한 등 만주와 한반도 일대 주민들의 특징이다. 이런 풍습을 '음주가무(飮酒歌舞)'라고 하는데, 열심히 일한 뒤 함께 즐길 줄 아는 사람들의 넉넉한 심성이 잘 드러나 있다.

청동 방울에 담긴 뜻 ● 제사 때 제단에는 사

슴을 희생으로 올리고, 명도전과 청동 거울, 청동 방울을 몸에 건 제사장이 하늘을 향해 기도한다. 그가 옷에 걸고 있는 청동 방울과 청동 거울에는 의미심장한 뜻이 담겨 있다.

이 시대 사람들에게 '소리'는 희망이나 성스러움의 상징이다. 그들은 하늘의 소리와 통하는 방울이나 종의 울림을 통해 어떤 고통에서든 벗어날 수 있다고 믿는다. 따라서 청동 방울을 지닌 제사장은 신의 소리를 들을 수 있는 존재이다. 또한 청동 거울은 태양을 상징하는 것으로 제사장이 신의 뜻을 보고 들을 수 있으며 신의 뜻을 대신 실행하는 존재라는 것을 과시하는 신비로운 의미가 담겨 있다. 이처럼 엄숙한 제사가 끝나면 사람들은 다시금 뿔피리나 현악기까

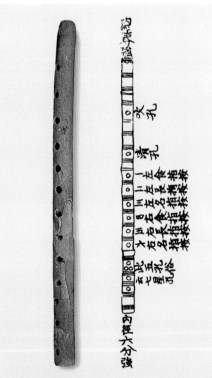

▲ 쌍두령 : 방울이 달린 둥근 청동봉을 양쪽에 끼워서 연결한 제사용 의기이다. 중간 연결 부분에 구멍을 뚫어 나무 자루에 끼우거나 매달아 흔든 것으로 보인다. 함평 초포리 유적에서 발견된 것으로 오른쪽은 길이가 15cm이다.

▲ 뼈피리 : 함경북도 웅기군 서포항에서 출토된 뼈피리는 새의 다리로 만든 것이다. 13개의 소릿구멍이 나 있는 것이 요즘 피리의 형태를 닮았다. 조선 시대 『악학궤범』이라는 책에 보이는 대금 소릿구멍의 숫자와도 일치하는 것으로 보아 아마도 고조선 시대부터 피리가 사용되었던 것이 아닌가 보고 있다.

몸에 부착한 청동기로 볼 때 서 있는 남자는 대족장이고 무릎을 꿇고 있는 뒤의 다섯 사람은 소족장이다. 소족장은 각각 자신의 부족을 거느리고 있으며, 대족장은 이 중 가장 힘이 강한 부족의 장일 따름이다. 초기 국가는 이러한 작은 부족들의 연맹체였으며, 제천 행사는 연맹체의 통합력을 높이는 역할을 하였다.

희생 : 산천신에게 바치는 제물, 그러나 제사가 끝나면 이 제물은 곧 모두가 나누어 먹는 축제 음식이 된다.

지 동원하여 춤과 노래의 흐드러진 향연을 밤낮 없이 계속할 것이다.

고대의 '평양 교예단' ●
제사가 끝나고 향연이 시작되자 요란하게 차려 입은 곡예사 두 명이 사람들을 뚫고 나왔다. 영지는 너무 좋아서 어쩔 줄 모르며 휘파람을 불어 댔다.

두 곡예사는 서로 한쪽 팔을 붙잡고 한쪽 다리는 함께 묶은 상태로 두 개의 바퀴 위에 올라섰다. 발로는 바퀴를 굴리고 손으로는 좌우에 있는 둥근 바퀴를 이리저리 돌리는 곡예가 이어진다. 속도감과 율동, 박력이 넘치는 동작은 탄성을 자아내기에 충분하다.

한편에서는 연주가가 풍악을 울리고, 한편에서는 수십 명의 사람들이 모두 일어나 앞사람을 따라가면서 땅을 밟고 장단에 맞춰 손과 발을 움직인다.

제천 행사의 사회학 ●
춤과 노래를 즐긴다고 해서 저마다 마음대로 즐긴 것만은 아니다. 해마다 빠지지 않고 하는 군무(群舞)의 주제가 한 가지 있다. 단군 신화의 재현이 그것이다. 저마다 환웅과 웅녀, 호랑이 등 신화에 나오는 역할을 맡고 신화의 줄거리에 따라 이 나라의 국부(國父)인 단군의 창업 과정을 춤과 노래로 되살려 내는 것이다.

이러한 군무에는 사람들을 하나의 공동 운명 의식 속에 단결시키는 효과가 있다. 그와 맞물려 단군의 자손을 자처하는 이 나라 지배자들의 권력을 단단히 다지는 효과도 있다. 제천 행사에서는 지난 한 해를 결산하고 새로운 한 해를 대비하는 중요한 사안도 논의되었다. 이런 효과를 극

대화하기 위해 왕과 족장들은 제천 행사를 맞아 나라의 죄인들을 풀어 주기도 한다.

과거 원시 공동체 시대에 축제는 씨족원들의 단결을 높이는 행사였다. 그와 비슷하게 국가가 발생한 시대의 제천 행사는 권력자를 중심으로 사회를 단결시키는 역할을 톡톡히 한다.

사람들은 오늘도 즐겁게 춤추고 먹고 마시면서 제사장과 권력자를 중심으로 한 협동과 단결을 다짐하고 있다.

대족장 : 가슴에 신성한 두 개의 청동 거울을 걸어 가장 권위 있는 존재임을 과시하고 있다. 제천 행사를 주관하는 사람이다.

북과 방울 : 삼한의 소도에서는 제사를 지낼 때 큰 나무를 세우고 방울과 북을 매달았다고 전한다. 고대인들은 북과 방울의 신령스런 소리가 귀신을 부른다고 믿었다.

청동 거울 : 햇빛을 그대로 반사하여 움직일 때마다 눈부신 광채를 낸다. 족장은 하늘의 태양과 같은 존재라는 상징적인 의미가 있다.

세형 동검 : 칼은 무기이기도 하지만 제사 때 쓰는 의례 가구이기도 하다. 거울, 방울과 함께 칼은 지배자의 상징물이다.

청동 방울 : 허리에 매달아 움직일 때마다 소리가 나도록 해서 족장의 위엄을 과시하고 있다.

장례제 | 죽음에도 위아래가

제천 행사를 잘 치르고 흐뭇해하며 사냥을 나갔던 세죽리 족장이 갑자기 말에서 떨어져 죽었다. 영지 아버지를 비롯한 마을 사람들은 족장이 죽어서도 생전과 같은 권세를 누려야 한다는 생각에서 큰 무덤을 만들어 주기로 했다. 무덤 속에는 청동 단검·창과 같은 무기와 수레·거울·구슬·그릇 따위의 생활용품을 넣고, 그 위에 제단으로 쓰일 거대한 돌을 얹는다. 이 특별한 무덤의 이름은 고인돌이다.

고인돌 만들기 ● 우선 무덤으로 쓸 돌을 바윗덩이로부터 떼어내야 한다. 이를 위해 바위결을 따라서 난 조그만 틈에다 깊은 홈을 파서 나무 말뚝을 박고 물에 적셔 놓는다. 나무가 물에 불어 팽창하면 '쩍' 하고 바위가 갈라진다. 그렇게 떼어낸 돌은 큰 통나무 여러 개를 깔아 놓고 마을 사람들을 모두 동원하여 옮긴다. 때로는 물길을 이용하기도 한다.

돌을 다 옮기면 고임돌 위에 얹어 무덤을 만든다. 땅에서 고임돌 꼭대기까지 완만한 둔덕을 만들고 그 둔덕을 이용해 돌을 올린 뒤 흙을 제거하는 방식이다. 무덤이 만들어지면 장례식을 치르고 돌받침 안에 주검을 넣는다.

이러한 고인돌은 주변을 멀리 내다볼 수 있고 밑에서 우러러보이는 높은 곳에 세운다. 죽은 자의 위엄을 과시하고 죽은 후에 하늘과 곧바로 연결되기를 바라는 뜻에서이다.

이처럼 높은 곳에서 완성된 고인돌은 단순한 하나의 무덤이 아니다. 이제부터 마을 사람들은 중요한 행사가 있거나 다른 지도자가 죽게 되면 이 고인돌 주변에 함께 모여 제사를 지낼 것이다. 그러니까 고인돌과 그 주변은 이 마을의 신전이자 성스러운 장소인 셈이다.

혼자서는 외로우니 같이 가 다오 ● 고인돌은 처음에는 마을 공동체 사람들의 공동 묘지로 만들어졌을 것으로 짐작된다. 그러나 청동기 시대로 접어들면서 고인돌에는 옥과 붉은 간토기, 무기형 청동기 등 권력을 가진 사람만이 가질 수 있었던 물건들이 껴묻거리로 들어가게 된다. 그것은 개인에게 권력이 집중되던 사회상을 증언하면서 고인돌이 바로 그러한 권력자의 무덤임을 알게 해 주는 움직일 수 없는 증거이다. 권력은 잔혹한 것. 부여 사람들은 죽은 권력자를 따라 살아 있는 가족이나 노비를 묻는 순장

고인돌을 끄는 사람들 : 한 사람 한 사람의 힘이 모여서 거대한 고인돌과 맞먹는 하나의 큰 힘이 된다. 이런 힘든 작업은 지배자를 중심으로 모든 주민들을 결속시키는 역할을 한다.

고대 사회에서는 족장과 같이 지위가 높은 사람들이 죽게 되면 거대한 무덤을 만들어 살아 생전의 세력과 힘을 계속 자랑하려고 하였다. 그것을 잘 보여 주는 것이 바로 고인돌이다. 주인공이 죽으면 후손들은 커다란 돌을 산에서 캐다가 무덤을 쓸 장소에 지역 공동체 전원을 동원하여 옮긴다.

도 했다. 그들은 사람이 죽은 후에도 언젠가는 다시 살아나거나 저 세상에서 살아간다고 믿었다. 그래서 살아 있을 때 자기가 부리던 사람들을 수십 명에서 1백여 명까지 산 채로 함께 묻었다. 이처럼 부여 같은 초기 국가에서는 노비나 하층 백성은 살아서는 물론 죽어서까지도 주인인 권력자에게 종속되어 있었다.

가족 무덤 ● 고인돌은 사방 1~2km 범위에 하나를 설치하여 위엄을 과시하기도 하지만, 가족이나 공동체 전체가 묻히는 공동 무덤으로 쓰이는 경우도 많다. 마을 뒷산 언덕에는 수십, 수백 군데의 공동 무덤 구역이 마련되어 있다. 만일 가족 중 한 명이 죽으면 이미 죽은 다른 식구가 묻혀 있는 가족 무덤에다 묻는다. 부부일 경우에는 한 자리에 합장하기도 한다. 영지 아버지도 어머니도, 그리고 영지 자신도 죽으면 가족 무덤에 묻힐 것이다. 영지는 외로운 거대 고인돌보다 이 무덤이 훨씬 정감이 있어 좋다고 생각한다.

죽은 이 보살펴 주기 ● 고조선 · 부여와 삼한 사람들은 주검을 무서워하고 경원시하는 관념도 없지는 않다. 그러나 공동체적인 관념에 따라 기본적으로 혈육과 친구의 주검을 정중히 대하고 돌봐 주는 관습을 가지고 있다. 그것은 무엇보다 사람이 죽어서도 어딘가에서 계속 살아간다는 믿음을 갖고 있기 때문이다.

따라서 사람들은 되도록 많은 부장품을 무덤에 넣어 주고, 여러 크기의 판돌과 막돌을 사용해서 정성을 다해 무덤을 만든다.

한편 부여의 귀족들은 여름에 죽으면 얼음을 써서 시체가 부패하지 않도록 보관할 정도로 세심하게 마음을 쓴다고 한다. 또 남녀 모두가 흰 상복을 입고 여러 날에서 몇 달에 걸친 애도 기간을 지내는 풍습도 부여에서 시작되어 인근 지역으로 퍼져 나가고 있다.

▲ **선돌** : 고인돌과 함께 청동기 시대에 많이 세워진 거석 기념물이다. 고대인들은 무엇 때문에 송봉산 나지막한 언덕 위에 이 큰 돌을 세웠을까? 태양과 보다 가까워지려는 염원이 아니었을까? 황해도 은천군 송봉리에 있으며, 길이는 2.62m이다.

지휘자 : 별도끼를 들고 있는 것으로 보아 이 사람은 고인돌 제작을 총지휘하는 인물이다. 세워지는 고인돌이 죽은 지배자의 것이 아니라 살아 있는 권력자의 것일 가능성도 배제할 수 없다.

고임돌 : 두 개의 거대한 고임돌을 미리 세운 다음 흙으로 덮어 단단히 고정시켰다. 그 위로 뚜껑돌을 밀어 올리고 있다.

고인돌의 운반 : 수십 톤이나 되는 무거운 돌을 어떻게 운반하였을까. 바로 이와 같은 통나무 바퀴를 깔아서 운반했다. 비록 잘 구르지는 않지만 통나무 위는 미끄러워 돌을 쉽게 옮길 수 있었다. 뒤에 따라오는 사람은 재빨리 지나온 통나무를 수습하여 앞쪽에 깔았을 것이다.

국가를 이루고 산다는 것

수백만 년 인류 생활사에서 일찍이 없었던 실험이 시작되었다. 공동체 단위로만 살아가던 사람들이 큰 덩치의 국가를 이루고 그 백성으로 살아가기 시작한 것이다. 국가는 강력한 '공권력'으로 국민을 보호하기도 하지만, 국민이 국가의 뜻에 따르지 않으면 벌을 주기도 한다. 한반도에서 처음으로 국가란 것이 생겨나던 기원전 4세기 무렵부터 사람들의 생활은 어떻게 달라지기 시작했을까?

경상남도 진주 남강의 청동기 시대 무덤에서 목 없는 유골이 나왔다. 목과 몸통을 따로 매장하는 특수한 관습이 있었을까? 그 부근에서 발견된 날카로운 화살촉과 창, 이 마을 유적을 둘러싸고 있는 방어용 울타리와 도랑으로 보면 그렇지 않다는 것을 알 수 있다.
그 유골의 주인공은 당시에 벌어진 격렬한 전쟁의 희생자였다.
이러한 전쟁은 좋든 싫든 이 시대부터 사람들이 맞닥뜨려야 했던 새로운 사회 현상이었다.

충청남도 부여 송국리에 전운이 감돌고 있다. 둥근 집자리를 쓰는 구릉 지대 마을과 네모난 집자리를 쓰는 아랫마을이 서로 으르렁거리고 있기 때문이다. 네모난 집자리 마을의 족장은 농사 짓기 좋은 언덕 지대를 차지하려고 오래 전부터 별러 왔다. 때가 무르익었다는 판단을 내린 그는 무기를 점검하고 마을에 동원령을 내렸다. 전쟁이 시작된 것이다.

전쟁은 왜 일어날까 ●
세상에 싸우고 싶어서 싸우는 사람이 있을까? 그러나 송국리 사태가 말해 주는 것처럼 사람들은 충분한 물질적 동기가 주어지면 기꺼이 사람을 죽이는 전쟁을 시작한다. 그 동기가 송국리처럼 농사에 유리한 지대일 수도 있고 더 많은 영토일 수도 있으며, 황금이나 미인인 경우도 있다. 인간은 약육강식의 자연계에서 강자의 위치를 차지하자마자, 이처럼 금방 자기들끼리의 약육강식 게임에 빠져 들기 시작했다.

전쟁은 누가 하는가 ●
전문 수공업자들은 아름다운 장신구도 만들지만 섬뜩한 금속 살상 무기도 쏟아내 전쟁의 견인차 역할을 한다. 족장이나 왕은 개인적으로 많은 무기를 갖추고 개인 사병까지 거느린다. 전쟁에 나가 싸우는 사람들은 주로 이들 사병, 즉 직업 군인들이다. 왕을 정점으로 하는 최고 지배층은 권력의 원천인 군사력과 전리품을 독점하기 위해 전사의 자격을 일정 계층 이상으로 제한하였다.

따라서 농민을 비롯한 일반 백성이 전사로 동원되는 일은 거의 없다. 이들은 대개 군량을 보급하는 일이나 전쟁에 따른 노역을 담당한다.

전쟁은 무엇으로 하는가 ●
전쟁을 일으킨 지배자들은 처음에는 세형동검을 가지고 싸웠다. 그러다가 새로이 중국에서 쇠로 만든 무기와 위엄 있는 지휘 도구와 장식물을 들여다가 사용하게 되었다. 쇠를 벼릴 줄 알게 되면서부터 무기는 일제히 철제품으로 바뀌고 전쟁은 더욱 치열하고 가혹하게 되었다.

철제 검이나 쇠뇌 (아래 사진) 같은 무기는 강도나 파괴력에서 이전과는 비교도 되지 않을 만큼 발전했다. 특히 쇠뇌는 요즘의 석궁 같은 것으로 정확도나 빠르기가 활에 비할 바 아니었다. 여기에 기마병과 마차까지 등장하면서 신속성과 기동력이 전투의 승패를 좌우하게 되었다.

전쟁에서 패한 자의 운명 ●
송국리 전쟁이 끝났다. 네모난 집자리 마을 사람들은 구릉 지대를 차지하자, 둥근 집자리 마을을 불질러 버렸다. 이제 둥근 집자리 마을 사람들의 운명은 어떻게 될 것인가?

전에는 패한 부족원들을 모두 죽이는 일이 많았다. 그러나 지금은 노예로 일을 시키는 것이 유리하다. 또 노예가 많으면 많을수록 지배자의 사회경제적인 지위와 부도 높아진다.

고조선 같은 국가들이 형성되는 과정에서도 이 같은 전쟁은 큰 역할을 했다. 이들 국가는 지금도 중국의 강한 국가들과 싸워서 지지 않기 위해 무기를 만들고 군사 훈련을 강화하고 있다. 아무도 원하지 않았건만 전쟁은 그렇게 인간 생활의 중요한 일부가 되고 말았다.

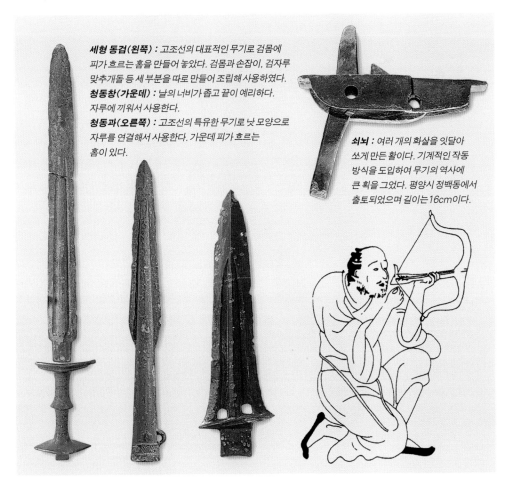

세형 동검 (왼쪽) : 고조선의 대표적인 무기로 검몸에 피가 흐르는 홈을 만들어 놓았다. 검몸과 손잡이, 검자루 맞추개돌 등 세 부분을 따로 만들어 조립해 사용하였다.
청동창 (가운데) : 날의 너비가 좁고 끝이 예리하다. 자루에 끼워서 사용한다.
청동과 (오른쪽) : 고조선의 특유한 무기로 낫모양으로 자루를 연결해서 사용한다. 가운데 피가 흐르는 홈이 있다.

쇠뇌 : 여러 개의 화살을 잇달아 쏘게 만든 활이다. 기계적인 작동 방식을 도입하여 무기의 역사에 큰 획을 그었다. 평양시 정백동에서 출토되었으며 길이는 16cm이다.

용대(가명)가 철제 무기로 무장한 고조선 관헌들에게 체포된 것은 평양 근교의 자기 집에서였다. 랴오둥 지방에서 농사를 지으며 살던 그가 어느 장사꾼의 눈에 들어 그를 따라 물산 풍부한 '기회의 땅' 평양으로 상경한 것은 지난해. 주인을 따라 장사를 하며 제법 자리를 잡아 가던 중인데 날벼락을 맞은 것이다.

그의 죄목은 절도였다. 평양 도성의 한 부잣집에서 번쩍거리는 옥 장신구랑 말 모양 세공품을 보고는 눈이 뒤집혀 그만 실수를 했던 게 꼬리를 밟힌 모양이었다.

"그 정도쯤이야 그 부자 놈한테는 새 발의 피일텐데……." 넋두리를 하며 포승줄에 두 손을 맡기는 용대는 날아가 버린 '평양의 꿈'을 되새기고 있었다.

도성 - 국가의 중심 ●

왕검성 안으로 압송되어 가면서 용대는 고조선의 도성(都城)인 이곳에 처음으로 들어가던 날을 떠올렸다. 높이가 3m에 이르는 드높은 토성 안으로 들어서면 널찍한 길과 큼직한 집들이 모양새 좋게 배치되어 있었고, 그 거리의 한가운데에는 화려한 왕궁이 위용을 자랑하고 있었다. '국가의 중심'을 상징하는 도성의 이러한 모습은 고조선 이후로도 고구려·백제·신라의 삼국 시대, 고려, 조선 등을 거치면서 크게 바뀌지 않을 것이다.

고조선이 밖으로는 연나라 같은 중국의 여러 나라와 힘을 겨루면서, 안으로는 이처럼 위엄 있는 도성을 갖추고 용대 같은 범죄자를 다스릴 공권력도 정비하게 된 것은 기원전 4세기 무렵이었다. 기원전 2세기 초 위만이 정변을 일으켜 왕권을 장악한 뒤에는, 중국으로부터 철기가 도입되면서 철제 농기구로 농사를 짓는 등 국가의 생산력이 급격히 발전하였다. 그것은 바로 지금 보는 것과 같은 도성의 영화로 이어졌다.

용대는 왕궁을 바라보며 한숨을 짓는다. "나라의 제일 가는 장사치나 군인이 되어 저 안으로 들어가는 게 꿈이었는데……."

문자 - 국가 운영의 필수 수단 ●

용대는 장사를 하느라고 왕검성 안의 관리들을 만나 볼 기회가 있었다. 관리들은 물건을 살 때 그 품목이며 가격 따위를 대나무 발이나 베 같은 곳에 적곤 했다. 또 자기들끼리 중요한 지시 사항 같은 것도 그렇게 했다.

용대는 장사를 하면서 그들이 적는 것이 중국에서 들어온 문자라는 이야기는 들어서 알고 있었다. 그리고 글자 교육을 받은 적은 없지만 장사를 하면서 물고기나 소금, 쌀 등을 뜻하는 중국 글자가 무엇인지 알아볼 정도는 되었다. 그러나 용대가 재판을 받을 때 관리가 들고 있는 책에 적힌 글자들은 어려워서 단 한 자도 눈에 들어오지 않았다.

나라의 임금이나 관료들이 중국 사람들하고

▲ 범금팔조: 『한서』 지리지를 보면 고조선 법률에는 여덟 가지 조항이 있었다. 현재는 세 조항만이 남아 전하고 있다. 살인을 한 사람은 사형에 처하고, 남을 다치게 한 사람은 곡식으로 갚아야 하며, 도둑질한 사람은 도둑 맞은 집의 노예가 되어야 한다는 것 등이 그것이다. 이 법은 매우 엄하여 부자들이나 힘이 센 사람들에게는 아주 좋은 법이었다. 또 고조선 여자들은 매우 정숙하여 도둑질한 사람이 벌금을 물었다 해도 이를 수치스럽게 여겨 그와는 어느 누구도 혼인하지 않았다고 한다. 이 법이 지배자들의 사유재산을 보호하고 지배계급의 경제적 이익을 지키기 위한 것임을 단적으로 보여 준다.

▶ 미래에 대한 예측 - 점뼈: 점뼈는 불에 달군 도구로 뼈 위를 직접 지지거나 칼 끝으로 일정한 간격으로 파낸 후 지져서 그 트는 모양으로 길흉을 점치는 것이다. 중국 동북 지방, 우리 나라 남부 지방, 일본 규슈 지방에서 집중적으로 확인되고 있으며 주로 동물의 어깨뼈가 이용되었다. 점복은 개인적·심리적으로 복을 구하기 위해서 출발하였지만, 집단이 형성되고 지배자가 나타나면서부터는 집단을 이끌어 갈 목적에 이용되었다. 한 사회나 국가의 통치자는 점술을 통해 지역 주민들을 통합하고 위무할 수 있었다. 사진은 전라남도 해남 군곡리에서 출토된 것으로, 길이가 16.9cm이다.

▲ 문자 토기: 고조선에도 글자가 있었을까? 있었다면 그것은 우리 나라 최초의 문자가 될 것이다. 위 토기는 랴오닝성에서 출토된 것으로 기원전 5~4세기경에 제작된 것이다. 이 토기의 표면에는 불 화(火)자와 비슷한 글자가 두 개 새겨져 있다. 이것이 글씨가 분명하다면 고조선 문자일 가능성이 크다. 이러한 문자를 근거로 고조선에는 '가림토 문자', '신지 글자'가 있었다고 보기도 하나, 명확히 확인된 것은 없다.

외교 문서를 주고받을 때. 그리고 임금이 관료들에게 문서로 무언가를 지시할 때는 다 중국 글자인 한자(漢字)를 쓴다. 고조선 사람들은 고조선 사람의 말이 있지만, 외국 말에 맞게 발명된 외국 글자를 쓰는 것은 그만큼 중국 쪽의 문물이 앞섰다는 뜻이다.

그러나 왕궁 안에서도 모든 관리나 군인들이 다 이 글자를 이해하는 것 같지는 않았다. 눈치로 보건대 왕족이나 귀족, 고위 관료쯤은 되어야 글자를 익히고 글자로 의사소통을 하는 것 같았다. 이제 국가가 발생한 시대에 출세하려는 사람은 반드시 글을 익혀야 할 모양이다.

관료 — 국가 운영의 중추 세력 ● 고조선 국가는 왕을 정점으로 하면서 그 아래에 여러 등급의 지역 우두머리들이 고급 관료층을 이루고 있었다. 이들을 '상(相)'이라고 하는데 왕 다음으로 높은 신분이었다.

이들은 나라의 중요한 문제에 대해 왕에게 충고할 수 있었고, 왕 밑에서 국가 업무에 영향력을 미쳤다. 고조선이 멸망할 당시에 '상'의 자리에 있었던 역계경은 중국 이주민이 계속 들어오는 것에 대해 왕에게 항의했다. 그러다가 자기 말이 받아들여지지 않자 왕을 버리고 주민들과 함께 남쪽으로 망명해 버렸다. 이것은 토착 지배자로서 중앙 관직에 진출한 '상'들이 언제든지 왕과 결별할 수 있을 정도로 독자적인 세력을 지니고 있었다는 것을 말해 준다.

법 — 죄와 벌 ● 관리들은 용대에게 훔친 이유, 평양에 온 동기, 지금 하는 일 등을 꼬치꼬치 캐물은 뒤 판결을 내렸다.

"단군 왕검의 나라인 우리 고조선에는 국법인 '범금팔조(犯禁八條)'가 있다. 죄를 지은 자는 마땅히 이 법에 따라 그 대가를 치러야 하느니라. '범금팔조'를 보면 도둑질한 사람에 대해서는 도둑 맞은 집의 노예가 되어야 한다고 되어 있다. 따라서 너는 마땅히 네가 물건을 훔친 집의 노예가 되어 봉사할 것을 명령하는 바이다."

용대는 가슴을 쓸어내렸다. '범금팔조'는 경우에 따라서는 죄를 지은 자를 죽이기도 하는 무서운 법이다. 다행히 목숨은 건졌지만, 이제

자유를 잃고 남의 집 종으로 들어가는 용대 앞에는 어떤 운명이 기다리고 있을까?

과거 혈연 공동체 사회에서는 누가 내 혈육을 죽이면 내가 나서서 '피의 복수', 즉 내 혈육에 대한 복수를 해야 했다. 그러나 국가가 발생하게 되면 그러한 '개인적 복수'는 금지된다. 대신 국가라는 존재가 '공권력'을 앞세워 '공평하게' 복수를 대신 집행해 준다. 이 같은 '공적 복수'의 수단이 곧 법과 경찰, 감옥 등 각종 사법 기구

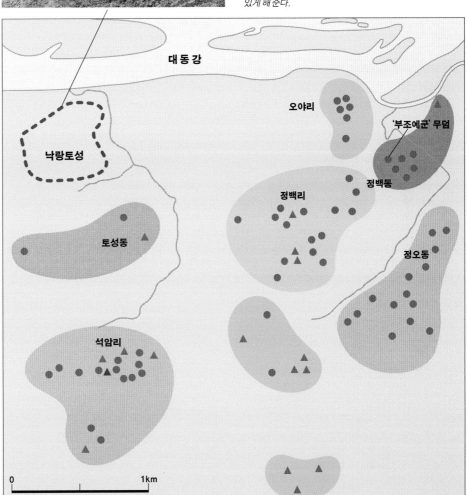

들이다. 따라서 국가는 범금팔조라는 법의 이름 아래 부자 대신 용대에게 '복수'를 한 것이다.

'법(法)'이라는 한자는 물이 흐르는 모양을 형상화한 것이다. 즉, 물이 흐르듯 자연스럽고 순리에 맞게 만들어져야 한다. 그러나 객관적으로 존재하는 자연 법칙이나 사회 법칙과 달리 법은 사람이 만드는 것이다. 일단 만들어지면 한 사람과 사회의 운명을 좌우하는 '법'. 따라서 이 법을 만드는 고조선의 왕족과 귀족들에게는 그 권한만큼이나 무거운 책임이 드리워져 있다.

◀ **낙랑토성** : 흙을 다져 성벽을 쌓은 토성으로, 총 길이가 1.5km이고, 높이가 5m이다. 성안에는 관청 터, 살림집 터, 병영 터 등이 있다. 토성 주변에는 무려 2000여 기(基)의 고분군이 있는데, 이것은 평양 일대에서 강력한 정치 세력을 이루고 있던 고조선 사람들이 이 토성을 쌓은 것임을 알 수 있게 해 준다.

▲ **왕검성의 위치** : 멸망 당시 고조선의 수도 왕검성의 위치는 현재 그 흔적이 명확히 남아 있지 않아 알 수 없다. 다만 고조선을 멸망시키고 설치된 낙랑군 통치 구역이 왕검성이 있던 곳에 있었다는 기록이 있고, 낙랑토성 주변에 고조선 시기 지배자의 것으로 보이는 나무곽무덤이 있어 낙랑토성이 곧 왕검성이었을 가능성이 크다. 그림은 대동강변의 낙랑토성 자리와 그 주변의 무덤 자리이다. ● 는 고조선 지배층의 것으로 보이는 나무곽무덤 자리이고 ▲ 는 낙랑 지배층의 것으로 보이는 벽돌무덤 자리이다.

대외교역 | 국가와 국가를 이어 줍니다

고조선과 중국 여러 나라들이 서로 국경을 맞대고 있는 중국 동북 지방에는 여러 나라들이 쌓은 장성(長城)이 많다. 그 주변으로는 또 다른 긴 줄이 형성되어 있는데, 나라와 나라를 오가는 사람들의 행렬이 그것이다. 이 가운데는 등에 봇짐을 잔뜩 지거나 말 안장에 짐을 싣고 산을 넘고 강을 건너는 장사꾼들도 적지 않다.

이들은 오다 가다 만나면서 서로 상대방 나라의 소식도 교환하고 필요한 물건을 맞바꾸기도 한다. 중국에서 오는 사람들은 쇠로 만든 명도전이란 장식품을 물건 값으로 쓰기도 한다. 때로는 물건을 훔쳐 달아나는 얌체족도 있고, 칼과 창을 들고 덤벼들어 물건을 빼앗아 가는 화적 떼가 출몰하기도 한다.

상인말고도 각종 사절과 군인들까지 오가는 이 시대는 바야흐로 국제 관계의 시대이다.

어떤 물품이 오가나 ● 여유 생산물이 생겨나면서 시작된 상거래는 국가 탄생의 밑거름이 되었다. 교역을 통해 좁은 지역의 장벽이 허물어지고 마을과 마을이 이어져 국가 규모의 집단이 형성되는 기초를 제공했기 때문이다. 그것이 이제는 이처럼 나라와 나라를 이어 주며 날로 확대되고 있다.

연나라를 비롯해 고조선 지역으로 이동하는 중국 상인들이 지니고 가는 물건으로는 철기가 가장 많고 중국제 거울과 명도전, 기와 등도 적지 않은 편이다.

물론 고조선 사람들이 중국 상인들의 물건을 수입하기만 하는 것은 아니다. 상당한 문화 수준을 지닌 고조선에서 생산되는 물건들은 경제적 부가가치가 매우 높은 것들이다. 그래서 고조선 사람들은 이웃의 부여나 연나라 등으로 진출하여 지속적인 원거리 무역 관계를 맺어 나가고 있다.

고조선 사람들이 외국에 가지고 나가는 물품은 일등급 품질로 유명한 베를 비롯하여 반점이 박힌 짐승 가죽과 털옷, 표범 가죽, 짐승 털로 짠 천 등 매우 다양하다. 이 같은 피혁이나 섬유 제품 외에도 싸리나무로 만든 활과 화살, 말 등도 외국에서 큰 인기를 끌고 있는 전략적 무역 상품이다.

무얼 타고 오가나 ● 물물교환만을 주로 하던 시대에는 교통 수단이 마련되어 있지 않아서 사람이 직접 걸어다니며 교류할 수밖에 없었다. 그러나 고조선이 국가로 확립될 즈음에는 산둥반도와 한반도 서북 지방 사이에 바닷길과 해안가길 등 다양한 교역 루트가 개발되기 시작하였다.

▲ **교역로 장성** : 연나라 때 중국 동북 지역의 오랑캐를 치고 설치한 장성으로 대외 교역로를 보여 준다. 이 길을 따라 많은 정치인과 상인들이 중국과 한반도를 오가면서 문물을 교류하였을 것이다.

▲ **교역로의 유물** : 장성을 따라서 중국의 청동 거울과 기와들이 나타난다. 이 길을 따라서 중국의 문물이 조선으로 전래되었음을 알 수 있다. 왼쪽부터 연나라, 진나라의 기와와 한나라의 청동 거울이다. 고조선의 중국과의 교류가 연나라 때부터 시작되어 진나라, 한나라 때까지 지속되었음을 알 수 있다.

연나라 장성

황허

◀ **마차** : 원거리 교역은 운송 수단의 발달을 가져왔다. 이 시기 물품과 사람을 실어나르는 역할을 한 것은 마차였다. 유물을 통해 복원한 결과, 이 시기 고조선의 마차는 두 마리의 말이 이끄는 쌍두마차이며 편안한 여행을 위해 햇빛을 가리는 양산도 설치되었다.

그 가운데서도 특히 바다가 조선 기술의 발달에 힘입어 유망한 교역로로 떠오르고 있다. 고조선보다 발전이 더딘 남부 지방의 울산 대곡리 사람들도 통나무배를 만들어 먼 바다까지 나갈 만큼 이 시대의 배는 제법 튼튼하고 우수하다. 육로로는 말이 주요 교통 수단으로 애용되고 있다. 부여·고구려·동예의 말은 중국에까지 그 이름이 알려질 정도로 유명하고, 남쪽의 변한·진한에서도 말이 널리 이용된다. 뿐만 아니라 철기 문화가 들어오면서부터는 마차까지 등장하여 나라 사이의 거리를 좁히고 있다.

무엇으로 값을 치르나 ● 물건 값을 치르는 화폐로는 랴오둥 지역에서 쓰이는 보배조개가 가장 초보적인 형태였다.

더 발전하면 '명도전(아래 사진)'처럼 쇠로 만든 화폐가 나타난다. 중국 연나라 사람들은 이러한 명도전을 가지고 들어와 고조선 물품을 구입할 때 대금으로 지불하곤 한다. 여기서 명

도전이란 이름은 겉면에 '명'이라는 글자가 써 있고 모양이 칼과 같아서 붙여진 것이다.

한편 철기가 도입된 이래 한반도 각지에서는 쇳덩어리나 쇠 제품을 돈처럼 사용하기도 했다. 쇠는 아직 흔하지 않은 재료라서 가치가 매우 높기 때문이다.

어떤 귀족들은 날을 세우지 않고 자루도 없는 쇠도끼를 껴묻거리로 삼아 저 세상까지 가지고 가기도 한다. 그 목적은 자신이 살아 생전에 부자였다는 것을 자랑하려 함이기도 하고, 또 그 쇠도끼를 저승에 가져 가 사용하려 함이기도 하다. 이 때 쇠도끼는 도끼로서의 기능보다는 쇠 자체의 가치를 더 높이 평가받고 있는 것이다.

교역의 중심지 낙랑 ● 고조선은 기원전 108년 중국의 한나라 군대에 의해 국가로서의 수명을 다 하게 되었다. 이 때 중국과 한반도 남쪽을 중계하던 고조선의 역할은 그 자리에 세워진 한

나라의 변방 군현 '낙랑군'이 계승했다. 낙랑군은 다른 군현보다 상대적으로 한나라 중앙 정부의 통제를 덜 받으면서 한반도의 다른 지역과 교역을 하기도 하고, 한반도와 중국의 교역을 중계하는 창구 역할을 하기도 했다.

따라서 우리가 앞으로 새로 만나게 될 나라들, 즉 고구려·백제·신라는 낙랑과의 교역과 갈등 속에 국가로 성장하게 될 것이다.

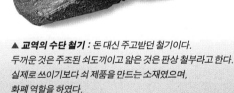

▲ **교역의 수단 철기** : 돈 대신 주고받던 철기이다. 두꺼운 것은 주조된 쇠도끼이고 얇은 것은 판상 철부라고 한다. 실제로 쓰이기보다 쇠 제품을 만드는 소재였으며, 화폐 역할을 하였다.

◀ **철기의 전래** : 한반도에서 발견되었지만 중국 전국시대에 제작된 철기와 동일하다. 특히 가운데 철기는 명도전이라는 중국 화폐이다. 평안북도 위원 용연동 유물로 왼쪽 것은 쇠창, 가운데 것은 명도전, 오른쪽 것은 쇠도끼날이다.

북경

발해만

●평양

▲ **한반도 남쪽에서 출토되는 외래품**
왼쪽부터 중국제 거울과 일본 야요이식 토기, 일본 동검이다. 한반도 남쪽 지역 사람들이 중국·왜와 교역했음을 입증하는 외래품들이다.

◉ 『삼국지』 위서 동이전이란?

중국의 삼국 시대에는 위나라, 촉나라, 오나라 세 나라가 있었다. 이들 세 나라의 역사를 기록한 정사를 『삼국지』라고 부르고, 그 가운데 위나라 역사를 기록한 부분이 '위서' 이다. 이 '위서' 에는 고대 예맥족이 살았던 고조선과 부여, 동예, 옥저, 삼한 등의 나라를 '동이(동쪽 오랑캐)' 라고 부르며 그들의 생활상을 기록한 부분이 있는데, 이것이 바로 '동이전' 이다. 이 '동이전' 에는 서기 3세기의 사실들이 많이 기록되어 있으나 그 이전에 관해서도 많은 정보를 주고 있다. 그 속에는 특히 『삼국사기』에 실려 있지 않은 우리 나라 초기 국가들의 생활 풍습과 다양한 삶의 모습이 생생하게 담겨 있어서, 우리 고대 역사를 되살리는 데 없어서는 안 될 소중한 기록이다. 한편, 우리가 흔히 사용하는 '위지동이전' 은 『삼국지』위서 동이전이라는 책을 줄여서 부르는 말이다.

특별전시실 1

SPECIAL
EXHIBITION

▼ **강상무덤** : 고조선이 자리잡고 있던 랴오닝성 다롄시 감정자구에 위치한 무덤군이다. 묘역은 돌로 동서 28m, 남북 20m 되는 장방형으로 쌓고 그것을 다시 크고 작은 세 개 구역으로 나누었다. 동쪽의 무덤 구역이 가장 크고 서쪽에 작은 무덤 구역이 두 개 있다. 전체 23개의 무덤 구덩이가 가운데 무덤을 중심으로 하여 방사선형으로 배치되어 있다.

무덤의 사회사
죽은 자는 말한다

죽은 자는 말이 없다. 그러나 청동기 시대와 초기 철기 시대의 사람들은 살았을 때보다 죽어서 더 많은 말을 하고 있다. 그들이 살아가던 흔적, 예컨대 집자리라든지 농지 따위보다 죽어서 남긴 흔적인 무덤의 수가 압도적으로 많다는 뜻이다. 그리고 이 무덤들이 다른 어떤 유적보다도 더 생생하게 그들이 살아가던 모습을 증언하고 있다. 무덤 속에는 죽은 자의 유골뿐 아니라 그들이 살아서 쓰던 각종 도구며 장신구들이 원래 모습을 크게 잃지 않은 채 숨쉬고 있다.

이들 무덤은 또 시간의 흐름에 따라 겉모습과 부장품의 내용에 많은 변화를 보인다. 무덤을 통해 당시 역사와 사회의 변화까지 살펴볼 수 있다는 말이다. 원시 공동체의 관습이 남아 있는 공동체 무덤과 가족 무덤에서부터 막 계급이 발생하던 시기의 고인돌 무덤, 권력자의 힘이 커져 감에 따라 차례로 나타나는 돌널무덤, 돌돌림무덤, 널무덤은 그대로 이 시기 시대 구분의 기준이 될 수도 있다.

죽음의 공간이면서도 충실한 삶의 기록으로 남아 있는 무덤의 변천을 통해 국가의 탄생으로 나아가던 시기의 사람들과 진지한 대화를 나누어 보자.

● 공동체 무덤 ●

왼쪽의 장엄한 유적은 고조선 시대의 무덤이다. 엄청난 넓이의 대지에 구덩이가 여러 개 있고 구덩이마다 여러 유골이 묻혀 있는 이 집단 묘지의 이름은 '강상무덤'이다. 많은 학자들이 이 무덤이야말로 주인이 죽으면 그 가족과 노예들을 한꺼번에 생매장한 '순장' 터라고 주장해 왔다. 그러나 이 무덤을 조사한 결과, 유골의 주인공들이 모두 한날 한시에 죽지 않고 서로 다른 시기에 죽었다는 것이 밝혀졌다. 그렇다면 순장일 수가 없다. 오히려 한 공동체나 가문에 속하는 사람들이 대를 이어 묻힌 공동체 무덤이라고 보아야 옳다. 원시 공동체의 관습을 이어받은 이 같은 공동체 무덤으로는 랴오둥 반도의 누상무덤, 서북한 지역의 침촌리형 고인돌 등이 있다. 이들 무덤은 같은 묘역에서도 부장품의 종류나 구덩이의 크기가 서로 달라, 공동체 내부에서 계급이 분화되기 시작했음을 보여 주고 있다.

BC 700

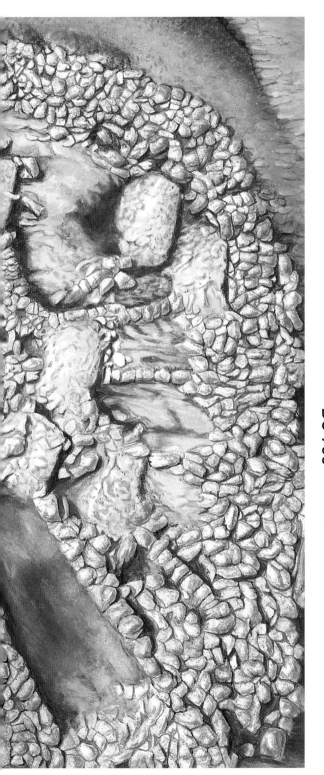

▶ **강상무덤의 실측도**

0   5m

● 고인돌 ●

고인돌은 청동기 시대 전기간에 걸쳐서
유행한 무덤 양식이다. 한반도에서
고인돌이 가장 밀집한 곳은 평안남도와
황해도 등 서북 지방과 전라남·북도 등
서해안 지방이다. 전라남도에는 1,900여 군데에서
모두 16,000기가 넘는 고인돌이 분포한다. 고인돌은 뚜껑돌 하나만도
수십 톤에 이르는 거대한 것들이 많고, 토기와 석기 외에 비파형
동검 등의 청동기 유물이 껴묻혀 있기도 하다. 이는 고인돌의 주인공이
청동기를 소유하였으며 많은 사람을 동원하여 큰 무덤을 만들 수 있을
정도의 지배자였음을 말해 준다. 결국 고인돌이 랴오둥 지역과 한반도
전역에 걸쳐서 분포하는 것은 이 지역에 계급 사회가 시작되었고
지배자를 중심으로 일정한 정치체제가 만들어졌음을 뜻한다.

▲ **북방식 고인돌** : 북방식은 비교적
넓고 편평한 판돌을 땅 위에 세워
네모난 상자 모양의 방을 짜맞춘 다음,
바닥에 시체를 안치하고 그 위에
뚜껑돌을 덮은 것이다. 이러한 모습
때문에 탁자식이라고도 하며,
북한에서는 대표적인 유적 이름을
따서 오덕리형이라 부르고 있다.

고인돌은 왜 고인돌?

고인돌은 한자로
지석묘(支石墓)라고 한다.
뚜껑돌을 지탱하는 돌이 있는
무덤이라는 뜻이다.
처음에는 고인돌이 왜 세워졌는지
몰랐으나 뚜껑돌 밑에서 사람 뼈와
껴묻거리가 나와 무덤으로
만들었다는 것을 알 수 있었다.
고인돌을 축조하는 데 있어
다른 무덤과 가장 다른 특징은
무덤에 뚜껑돌을 덮고 그 밑에
매장부를 두고, 뚜껑돌을
받치기 위한 고임돌〔지석〕을
매장 주체부 위에 둔다는 점이다.
따라서 지석묘는 고임돌이 있는
무덤이라는 뜻이며,
그것을 간략하게 고인돌이라고
부르게 된 것이다.

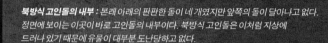

북방식 고인돌의 내부 : 본래 아래의 판판한 돌이 네 개였지만 앞쪽의 돌이 달아나고 없다.
정면에 보이는 이곳이 바로 고인돌의 내부이다. 북방식 고인돌은 이처럼 지상에
드러나 있기 때문에 유물이 대부분 도난당하고 없다.

▶ **고인돌의 껴묻거리**
고인돌에 주로 묻혀 있는 물건은
토기와 돌칼, 돌화살촉 등이며,
가끔 비파형 동검도 나온다.
사진은 고인돌에서 주로 나온
물건들로 왼쪽부터 돌칼, 비파형
동검, 옥 장신구, 붉은간토기이다.
비파형 동검 중에서 가장 왼쪽의
것은 오랫동안 사용한 탓으로 끝이
많이 닳아져서 비파 형태를 찾을
수가 없다. 아마 이 무덤의 주인공이
오래 사용했던 유품일 것이다.

▲ 남방식 고인돌 : 한강 이남에 주로 분포하며 땅 밑에 판돌을 짜맞추거나 깬돌, 또는 냇돌 등을 쌓아 돌널을 만들고 그 안에 시신을 묻는다. 무덤 위에는 큰 뚜껑돌을 얹는데 일반인에게는 뚜껑돌만 보이므로 특별한 돌로 보이지 않는다.

● 돌널무덤 ●

고인돌과 비슷한 시기에 등장하는 무덤 양식으로, 시베리아로부터 만주 지방을 거쳐 한반도에 이르기까지 넓게 퍼져 있다. 돌널무덤은 땅 속에 널찍한 돌로 상자 모양의 널(관)을 만든 것으로 그 생김새가 돌로 짠 상자 같은 무덤이라 하여 돌널무덤이라 부른다. 돌널무덤은 대체로 그리 높지 않은 구릉 지대에 위치하며, 여러 무덤이 함께 있는 경우가 많다. 돌널무덤이 집중적으로 나오는 곳은 고대에 일정한 정치 집단의 중심 세력이 존재한 곳으로 볼 수 있다. 이것은 돌널무덤에서 나오는 껴묻거리를 보면 알 수 있다. 돌널무덤에서는 돌검과 돌살촉 등 석기류가 주로 나오며, 드물게는 비파형 동검 등 초기 청동기도 나온다. 돌널무덤에서 나오는 유물들은 고인돌에서 나오는 것과 거의 유사하고 그 축조 양식이나 재료 또한 비슷하여 대개 고인돌과 비슷한 시기에 제작된 것으로 본다.

남방식 고인돌의 내부 : 뚜껑돌을 드러내고 난 상태이다. 땅이 약간 파여 있고 그 둘레에 작은 고임돌들이 배치되어 있다.

BC 500

돌널무덤의 내부 : 흙을 드러내고 나면 이와 같이 반듯한 판돌이 마련되어 있다. 무덤 속의 주인공은 이 속에 편안히 모셔졌을 것이다.

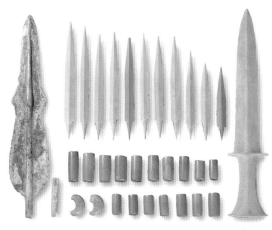

◀돌널무덤의 껴묻거리
돌널무덤의 물건들은 고인돌과 별로 차이가 없다. 다만 무덤 주인공의 신분에 따라 함께 묻힌 물건의 편차가 크다. 사진의 부장품은 고인돌에서 나온 것보다 훨씬 고급스럽다. 왼쪽부터 비파형 동검, 옥 장신구, 돌화살촉, 돌칼이다. 돌화살촉과 돌칼은 실제 사용하는 것이 아니기 때문에 모양에 더 치중해서 만들었다. 한 가지 재미있는 것은 비파형 동검 바로 옆에 있는 물건이다. 이것은 오래 써서 다 닳아지고 남은 비파형 동검의 뿌리 부분을 끌로 재활용한 것이다. 청동기가 얼마나 소중한 물건이었는지 짐작케 한다.

● 돌돌림무덤 ●

청동기 시대 말기에 가면 대동강 유역과 영산강 유역을 중심으로 널 위에 돌무지를 쌓아 매장 부분을 보강시키는 특수한 매장법이 나타나는데, 이것을 돌돌림무덤이라고 부른다. 돌돌림무덤은 돌을 이용하고 있다는 점에서 이전 시기 무덤 양식을 계승하고 있지만, 나무관을 사용한 점에서 차이가 있다. 돌돌림무덤의 부장품으로 세형 동검, 잔무늬 거울, 화려한 청동 방울 등 발달된 청동기들과 주조 철부 등 철기가 등장하고 있어 청동기 시대에서 철기 시대로 넘어가는 시기의 지배자 무덤임을 알 수 있다.

● 널무덤 ●

청동기 시대 말기에서 초기 철기 시대에 성행한 무덤이다. 나무관을 쓴 무덤은 모두 여기에 해당하며, 앞의 돌돌림무덤 역시 널무덤의 일종으로 볼 수 있다. 널무덤에는 나무관 주위에 돌을 돌린 경우, 나무관만을 매장한 경우, 나무관 위에 다시 나무곽을 사용한 경우 등 다양한 형태가 있다. 경상남도 창원 다호리에서 발견된 널무덤은 나무관이 온전히 남아 있어 추측으로만 논의되어 오던 널무덤의 실체를 선명하게 드러내 주었다. 구덩이를 깊이 파고 묻은 널은 지금까지 미루어 짐작해 온 네모난 모양이 아니고 굵은 원통형의 통나무를 반으로 켠 다음 속을 구유처럼 파내어 널과 뚜껑을 만든 것이었다. 널 밑에는 다시 저장 구덩이가 있어 갖가지 유물이 차곡차곡 담긴 부장품 바구니가 묻혀 있었다.

BC 100

BC 50

▶ **널무덤의 껴묻거리**
돌널무덤보다 훨씬 화려한
물건들이 묻혀 있다.
사진은 왼쪽부터 중국제
청동 거울, 옻칠한
나무 칼집에 든
청동검, 청동 창끝,
종방울, 중국식
허리띠고리, 그리고
민무늬토기이다.
중국제 물품이
등장하는 것으로 보아
중국과 교역이 활발했던
시기에 만들어진 무덤임을
알 수 있다.

● 독무덤 ●

청동기 시대 무덤으로 돌뚜껑이 있는 독무덤이 있다. 독무덤은 처음에 커다란 독의 바닥에 구멍을 뚫고 세워서 묻은 다음 돌로 뚜껑을 덮은 형태가 사용되다가 철기 문화의 전래와 더불어 두 개의 독을 맞대어 눕혀 묻는 형태로 변화한다. 독무덤은 선사 시대부터 세계 각지에서 대개 어린아이나 병에 걸려 죽은 사람을 묻는 무덤으로 사용되어 왔다. 항아리가 작은 탓에 정상적인 성인이 죽었을 때는 뼈만 추려 묻는 관으로 사용되기도 했다. 따라서 돌뚜껑이 있는 독무덤은 주로 어린아이나 사회적 지위가 낮은 사람이 묻혔을 것으로 추정되며, 껴묻거리는 거의 없다.

BC 900~300

▶ **이음식 독무덤**
항아리 두 개를 연결했다고 해서 이음식 독무덤이라고 부른다. 광주 신창동 유적지에서 이런 독무덤이 약 60개 발견되었다. 독의 크기는 다양해서 60~70cm가 가장 많았으나 45cm 이하의 것도 있었다. 또 가장 큰 것은 130cm에 이르렀다. 이처럼 크기가 다양한 것을 볼 때 이들 무덤은 성인의 것이라기보다는 당시 어린이 무덤이지 않을까 추측되고 있다. 사진의 독무덤은 길이가 40.8cm이다.

과거와 현재의 전령사들

고인돌과 '나'의 만남

고인돌과 '나' 와의 만남이 시작된 것은 정말 우연이었다. 당시 서울대학교 고고인류학과에 지원했던 나는 면접을 보게 되었다. 그때 면접관이었던 김원룡 교수님이 나에게 한 질문은 고향 부근의 대표적 선사 유적을 대라는 것이었다. 국사책에 있는 가장 일반적 내용밖에 몰랐던 나는 엉뚱한 대답을 하고 말았다. "광주 무등산에 입석이 있습니다." 입석이라는 것도 거석 문화의 하나인데, 무등산의 병풍바위는 선사 유적이 아니고 돌이 서 있는 자연석에 불과한 것이었다. 그러나 이를 몰랐던 나는 서 있는 돌이니까 '입석(立石)' 이라고 했던 것이다. 입학한 뒤 입석의 실체를 알고 나니 창피하고 부끄러웠다. 이 사건을 계기로 거석 문화를 한번 연구해 봐야겠다고 결심했다.

졸업한 후 우연히 해외 유학의 기회가 왔을 때 나는 유학지를 세계적인 거석 유적지인 프랑스 브르타뉴 지방으로 택하고, 브르타뉴 지방의 도청 소재지인 렌(Rennes)대학에 입학을 하였다. 거기서 쓴 논문의 주제는 '동북아시아와 서유럽의 거석 문화 비교 연구' 였다. 우리 나라와 서유럽의 고인돌은 외형적으로는 비슷한 점도 있지만 실상에서는 외형이나 기능면에서 차이점이 많다. 그것이 내 논문의 주제였다.

세계의 고인돌은 많은 미스터리를 간직하고 있다. 예를 들어 대표적인 고인돌 유적인 영국의 스톤헨지는 우리 나라의 진주쯤에 위치하는데 돌을 운반한 곳은 목포 앞바다쯤이다. 주위에 채석장이 있는데도 사람들은 근 150마일 되는 거리까지 돌을 운반해서 스톤헨지를 만든 것이다. 그리고 프랑스의 카르나크에 가 보면 높이 2~5m의 엄청난 거석 4천 개를 동서로 10~13열까지 나란히 세워 놓았다. 왜 그랬을까?

거기에 대해서 학자들은 나름대로 가설을 제시하고 있다. 그 중 하나가 거석 문화는 일출과 밀접한 관련이 있다는 것이다. 그러나 아직도 가설에서 밝혀지지 않은 부분이 많다. 그런 미스터리들을 풀어 보고자 하는 욕심에서 나는 거석 문화에 접근하고자 했던 것이다.

지건길
현 국립중앙박물관장
프랑스 렌대학에서 『동·서양의 거석 문화 비교 연구』로 역사학 박사 학위.

고대인의 디자인 세계

청동기 무늬의 비밀

어떤 금속 공예품에 무늬가 있는가 없는가, 무늬의 주제가 무엇이며 그 구성은 어떻게 하였는가 하는 것은 당시 사람들의 예술 감각과 정신 세계를 반영한다. 자연에 대한 인식이 유치하였던 고대인들에게 태양은 전지전능한 존재였다. 청동기에 가장 많이 새겨져 있는 동심원이나 삼각 무늬는 모두 태양과 그 빛을 나타내는 무늬이다. 고대인들은 이러한 청동기를 소유함으로써 태양과 같은 강력한 힘을 가질 수 있다고 믿었던 것이다. 한편, 청동기를 꼼꼼하게 살펴보면 구체적인 동식물이나 사람의 신체 무늬도 보인다. 이런 사실적인 무늬들은 특히 의식용으로 쓰인 청동 의기들에서 주로 찾아볼 수 있다.

▼▶ **십자햇빛 무늬 원판형기와 단추**
태양과 그 빛을 응용한 독특한 무늬로 여러 청동기에서 확인된다. 전라북도 익산과 경상북도 영천에서 출토되었다. 지름(아래)12cm.

▲ **번개 무늬와 별 무늬 청동 거울 :** 번개 치는 모양과 별빛을 형상화한 초기의 청동 거울이다. 각각 충청남도와 평안남도 성천에서 출토되었다. 지름(위)12cm.

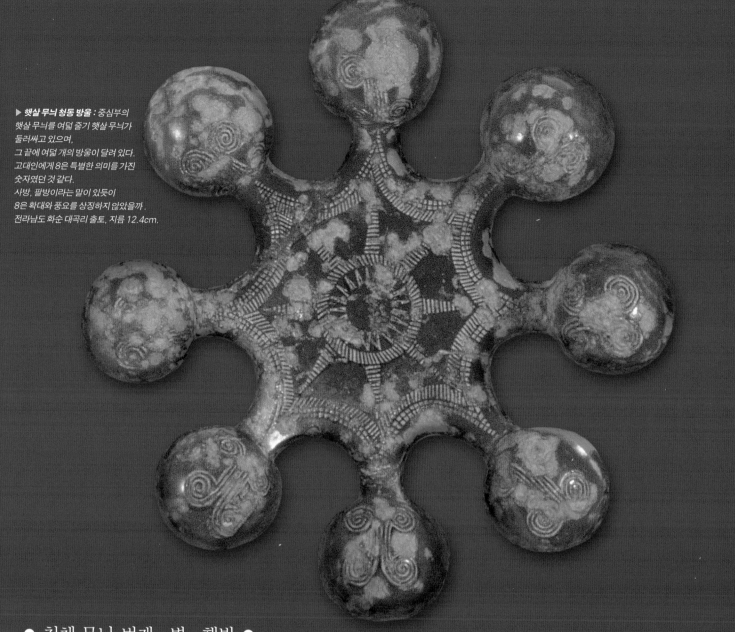

▶ **햇살 무늬 청동 방울 :** 중심부의 햇살 무늬를 여덟 줄기 햇살 무늬가 둘러싸고 있으며, 그 끝에 여덟 개의 방울이 달려 있다. 고대인에게 8은 특별한 의미를 가진 숫자였던 것 같다. 사방, 팔방이라는 말이 있듯이 8은 확대와 풍요를 상징하지 않았을까. 전라남도 화순 대곡리 출토, 지름 12.4cm.

● 천체 무늬_번개 · 별 · 햇빛 ●

고대인들에게 천체는 신비로움과 두려움의 대상이었다. 번개 무늬, 별 무늬, 햇빛 무늬는 고대인들의 천체에 대한 관심사를 반영한 것이다. 번개 무늬는 번개 빛을 도안한 것으로 청동 거울뿐 아니라 토기에도 나타나는 무늬이다. 별 무늬는 별 모양을 본 뜬 것이다. 그러나 별 무늬에 대해서는 이론의 여지가 있다. 고대인들이 우리처럼 별을 5각, 8각으로 봤을까는 분명하지 않기 때문이다. 고구려 벽화에 그려진 별 그림도 점 아니면 원으로 표시되어 있다. 한편, 햇빛 무늬는 단추에서 방울까지 다양하게 활용되었다. 이 중 십자햇빛 무늬는 세련되면서도 안정감을 주어 청동기인들의 미의식뿐 아니라 심성까지 엿볼 수 있다.

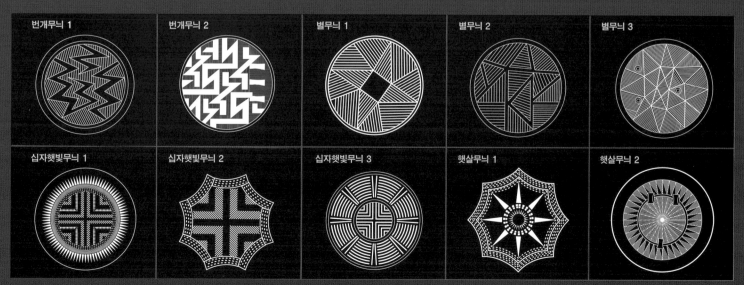

| 번개무늬 1 | 번개무늬 2 | 별무늬 1 | 별무늬 2 | 별무늬 3 |
| 십자햇빛무늬 1 | 십자햇빛무늬 2 | 십자햇빛무늬 3 | 햇살무늬 1 | 햇살무늬 2 |

기하 무늬_삼각 · 사각 · 원형 · 점선

기하 무늬는 점과 선을 교차시켜 삼각, 사각, 마름모, 원, 평행선 등을 표현한 것이다. 기하 무늬는 자연에 존재하는 태양과 빛, 물방울 같은 것을 본떠 만든 것으로 천체 무늬에서 보다 발전한 형태이다. 기하 무늬는 여러 청동기에 새겨져 있지만 특히 잔무늬 거울에는 많은 기하 무늬들이 표현되어 있다. 가는 선이 여러 방향에서 촘촘히 새겨져 있어 빛이 사방에서 반사된다. 거울의 몸체는 태양을 뜻하며, 잔무늬는 태양에서 빛이 사방으로 퍼져 나가는 효과를 연출한다.

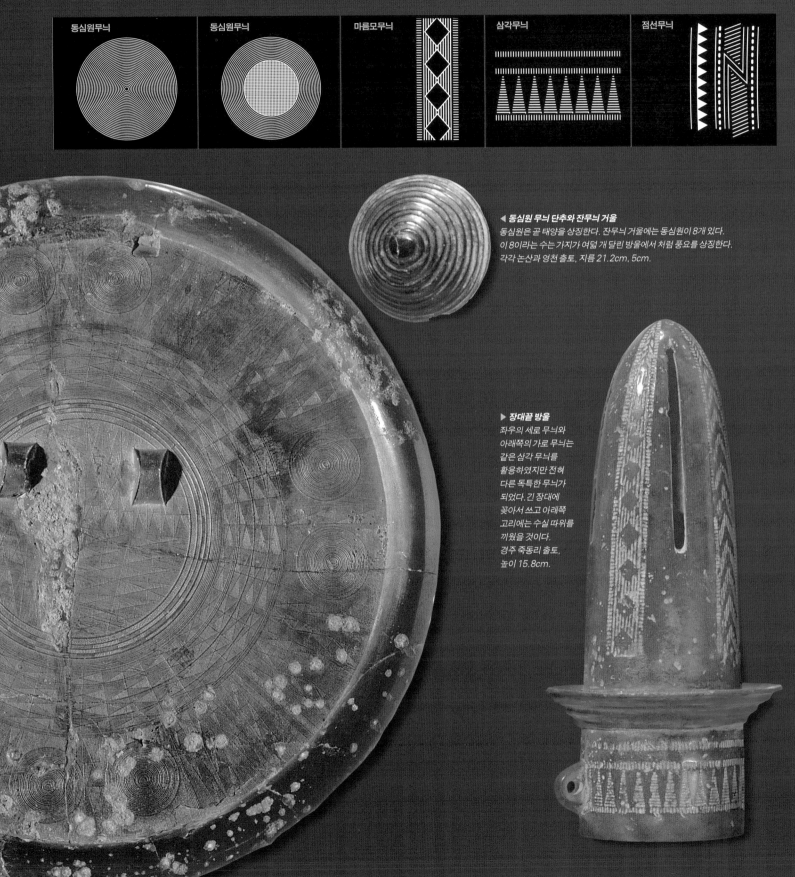

동심원무늬

동심원무늬

마름모무늬

삼각무늬

점선무늬

◀ 동심원 무늬 단추와 잔무늬 거울
동심원은 곧 태양을 상징한다. 잔무늬 거울에는 동심원이 8개 있다.
이 8이라는 수는 가지가 여덟 개 달린 방울에서처럼 풍요를 상징한다.
각각 논산과 영천 출토, 지름 21.2cm, 5cm.

▶ 장대끝 방울
좌우의 세로 무늬와
아래쪽의 가로 무늬는
같은 삼각 무늬를
활용하였지만 전혀
다른 독특한 무늬가
되었다. 긴 장대에
꽂아서 쓰고 아래쪽
고리에는 수실 따위를
끼웠을 것이다.
경주 죽동리 출토,
높이 15.8cm.

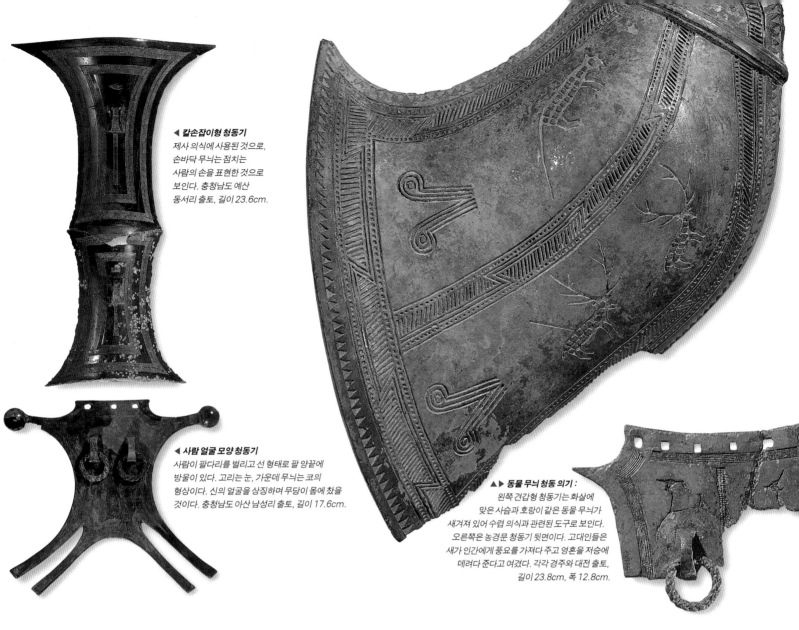

◀ **칼손잡이형 청동기**
제사 의식에 사용된 것으로,
손바닥 무늬는 점치는
사람의 손을 표현한 것으로
보인다. 충청남도 예산
동서리 출토, 길이 23.6cm.

◀ **사람 얼굴 모양 청동기**
사람이 팔다리를 벌리고 선 형태로 팔 양끝에
방울이 있다. 고리는 눈, 가운데 무늬는 코의
형상이다. 신의 얼굴을 상징하며 무당이 몸에 찼을
것이다. 충청남도 아산 남성리 출토, 길이 17.6cm.

▲▶ **동물 무늬 청동 의기 :**
왼쪽 견갑형 청동기는 화살에
맞은 사슴과 호랑이 같은 동물 무늬가
새겨져 있어 수렵 의식과 관련된 도구로 보인다.
오른쪽은 농경문 청동기 뒷면이다. 고대인들은
새가 인간에게 풍요를 가져다 주고 영혼을 저승에
데려다 준다고 여겼다. 각각 경주와 대전 출토,
길이 23.8cm, 폭 12.8cm.

● 동식물 · 사람 무늬 ●

고대 초기에는 사람 얼굴 모양, 짐승, 새 등을 조각하여 달아매는 청동 장식 공예품들이 만들어졌다. 이것은 동물을 신성시하고 숭배하는 토템 신앙과 관련된 것으로
보인다. 이런 생물의 모습은 주로 용도를 알 수 없는 이형 청동기에 많이 그려져 있다. 이형 청동기는 당시의 지배자·권력자들이 몸에 차거나 종교적 의식에 쓰던 물
건들이다. 의기를 보다 위엄 있게 보이도록 하기 위해서 이러한 무늬를 넣은 것 같다.

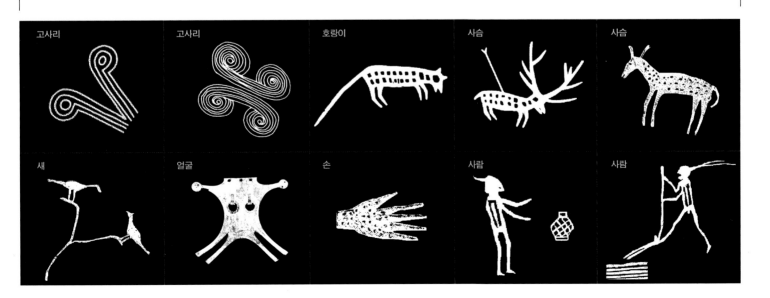

고 조 선 생 활 관

전시 PART 2

이곳에서는 고조선 시대의 생활사와 관련한 여러 가지 주제들을 다양한 장치와 깊이 있는 해설을 통해 새롭게 이해할 수 있도록 했습니다. '가상체험실'에서는 고조선과 한나라의 전쟁 과정을 생생히 재현하여, 국가의 멸망이라는 처음 벌어지는 사태가 사람들의 생활에 어떤 영향을 미치는지를 간접 체험하게 해줍니다. '특강실'에서는 단군 신화가 말해 주는 당시의 역사적 사실은 무엇이고, 고조선은 실제로 어디에 있었는지를 쉽고 재미있게 풀어 줍니다. 마지막으로 '국제실'에서는 세계의 거석 문화와 청동기 문화를 비교, 정리합니다.

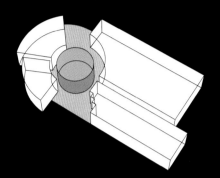
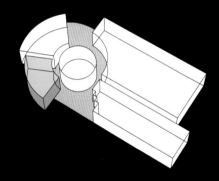
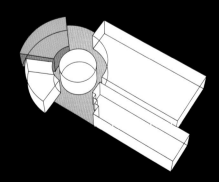

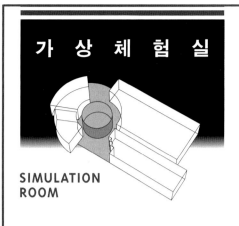

사람처럼 국가에도 삶과 죽음이 있다. 그러나 국가의 죽음에는 사람에게 일어나는 자연사가 없다. 국가는 대개 다른 국가의 군사적 침략이나 정치적 압박을 받고 폭력적으로 삶을 마감한다. 우리 역사상 최초로 탄생한 국가 고조선의 멸망 과정에는 전쟁의 발발과 확산, 애국자와 매국노의 대립, 망한 나라 국민이 맞이하는 비참한 운명 등 한 국가의 죽음과 관련된 모든 드라마가 담겨 있다.

국가의 죽음-고조선 최후의 날

고조선은 중국의 한(漢)과 오랫동안 평화 관계를 맺고 있었다. 그 동안 고조선은 강한 군사력과 경제력을 갖추고 진번, 임둔 등을 복속시켜 사방 수천 리에 달하는 판도를 갖추었다. 우거왕 때는 중계무역의 이익을 독점하기 위하여 남쪽의 진국 등이 한과 직접 교통하는 것을 가로 막고 북방의 강자 흉노와 연결하여 세력을 키워 나갔다. 그러자, 한은 화평 관계를 깨고 고조선과의 전쟁을 결심하였다.

❷ 우거왕과 고조선 국민들은 분노했다. 자기들 말대로 하지 않는다고 해서 죄 없는 남의 나라 관리를 죽이는 섭하든, 그런 자에게 벌 대신 상을 내려 고조선을 코 앞에서 바라보는 랴오둥의 책임자로 앉힌 한 무제든 용서할 수 없었다. 우거왕은 즉시 보복군을 조직하여 랴오둥으로 급파했다. 외교에서 능력을 발휘하는 대신 칼부림으로 출세길에 오른 섭하는 고조선 무사의 칼부림을 받고 비참한 죽음을 맞이해야 했다.

패수(여기서 패수는 랴오허로 본다)

베이징

1 한은 무제가 즉위한 뒤 흉노와의 전쟁이 어느 정도 정리되고 남월 (베트남) 원정이 끝나자, 창 끝을 고조선으로 돌렸다. 무제는 고조선과 흉노가 연결되는 것을 막고 고조선을 회유하고자 섭하를 사신으로 보 냈다. 그러나 고조선의 거부로 인하여 성과 없이 돌아가게 되자, 섭하 는 패수를 건너기 직전에 배웅 나온 고조선의 장수를 살해하고 귀국 하였다. 한 무제는 이 살인자를 도리어 치켜세우면서 랴오둥군(요동 군) 동부도위에 임명하였다. 랴오둥군은 고조선을 마주보고 있는 요 지로 이 같은 행위는 고조선을 자극하기에 충분하였다.

3 섭하의 사망 소식을 접한 한 무제는 분노했지만 한편으로는 회심의 미소를 지었다. 고조선으로 쳐들 어갈 명분을 얻었다는 생각 때문이었다. 그는 누선장 군 양복에게 명령을 내려 정벌군을 조직하도록 했다. 양복은 참모들을 이끌고 도성의 감옥으로 가 흉악범 을 포함한 죄수들을 끌어내었다.

4 양복이 죄수들을 끌어낸 목적은 이들에 대한 처벌을 집행하기 위한 것이 아니었다. 그는 이들에게 무기를 지급하게 한 다음 목청 높여 외쳤다. "우리는 황제의 권위에 도전한 고조선을 정벌하러 간다!"

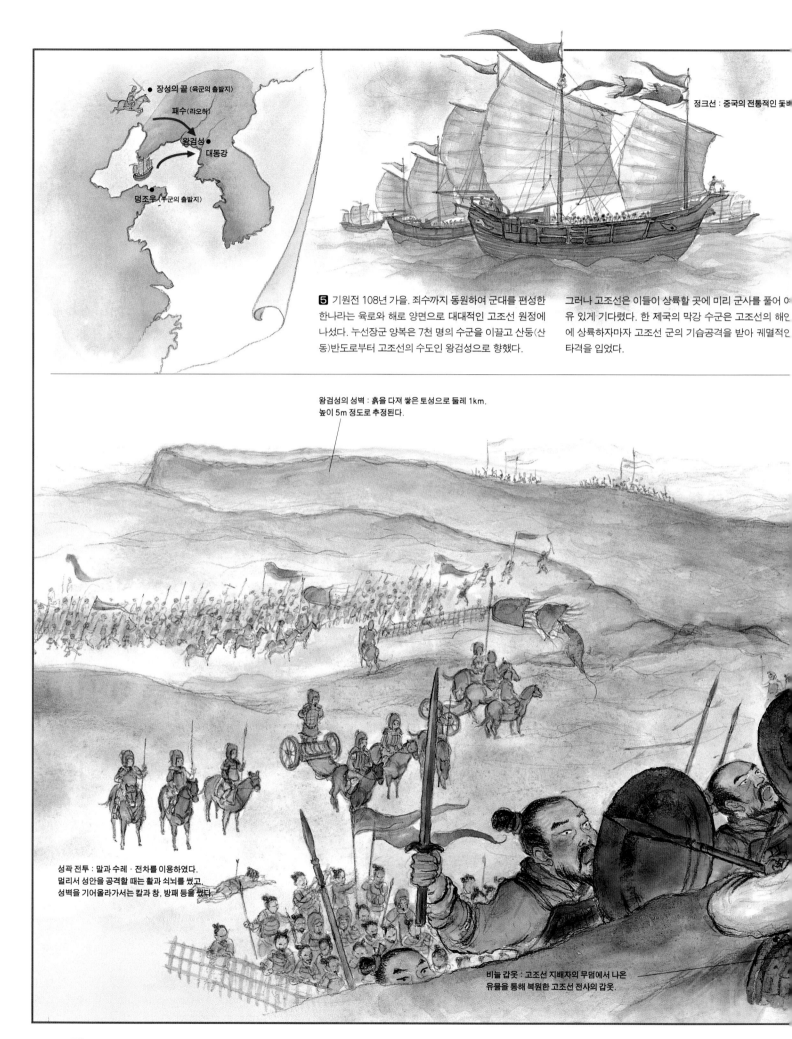

정크선 : 중국의 전통적인 돛배

5 기원전 108년 가을. 죄수까지 동원하여 군대를 편성한 한나라는 육로와 해로 양면으로 대대적인 고조선 원정에 나섰다. 누선장군 양복은 7천 명의 수군을 이끌고 산동(산동)반도로부터 고조선의 수도인 왕검성으로 향했다.

그러나 고조선은 이들이 상륙할 곳에 미리 군사를 풀어 여유 있게 기다렸다. 한 제국의 막강 수군은 고조선의 해안에 상륙하자마자 고조선 군의 기습공격을 받아 궤멸적인 타격을 입었다.

왕검성의 성벽 : 흙을 다져 쌓은 토성으로 둘레 1km, 높이 5m 정도로 추정된다.

성곽 전투 : 말과 수레 · 전차를 이용하였다. 멀리서 성안을 공격할 때는 활과 쇠뇌를 썼고, 성벽을 기어올라가서는 칼과 창, 방패 등을 썼다.

비늘 갑옷 : 고조선 지배자의 무덤에서 나온 유물을 통해 복원한 고조선 전사의 갑옷.

6 한편 한의 좌장군 순체는 5만 육군을 이끌고 공격에 나섰다. 고조선은 이에 대항해 험준한 곳에 군사를 배치하고 기다렸다. 철제 찰갑옷을 입고 투구를 쓴 장수들을 주변에서 기마병들이 호위하고, 칼과 창, 쇠뇌, 활 등 각종 무기로 무장한 병사들이 수레와 사다리를 끌고 다가오는 가운데 한-고조선 전쟁의 막이 올랐다. 5만 대군을 이끈 순체는 손쉽게 방어선을 돌파하고 왕검성을 정복할 수 있으리라고 생각했으나, 첫 대결의 결과는 뜻밖의 완패였다. 전황이 불리해지자, 한 무제는 위산을 사신으로 보내 협상하자는 제안을 해왔다. 이에 고조선에서도 태자를 보내 협상할 뜻을 밝혔으나 서로 상대방에 대한 의심을 풀지 못해 결국 협상은 결렬되고 말았다.

북상투 : 고조선 남자들은 머리에 상투를 틀었다고 전한다.

7 무제는 협상 결렬의 책임을 물어 위산을 처벌했다. 한은 전선의 교착을 뚫기 위해 지난(제남) 태수 공손수를 파견하여 총공격을 시도하였다. 그러나, 이것도 역시 무위로 돌아가고 공손수 역시 패전의 책임을 지고 처벌당했다.

9 포위 상태가 오래 계속되자, 전쟁에 지친 왕검성 내에서도 분열이 일어났다. 항전파는 기선을 제압한데다 한군도 지쳤으니 조금만 더 버티자고 주장하였다. 반면 화친파는 전쟁을 오래 끄는 것은 불리하다며 평화로운 해결을 주장했다. 화친파 가운데 가장 먼저 목소리를 높인 사람은 조선상 역계경이었다. 그는 우거왕 면전에서 세불리를 주장하며 한나라와의 화해를 강력히 주장하고 나섰다. 그러나 우거왕은 이 같은 제안을 단호히 거부했다.

역계경은 우거왕의 반대에 큰 위기 의식을 느꼈다. 항전파가 그를 비난하며 거세게 압박해 들어왔다. 전쟁에서 승리한다는 믿음도 잃고 지위마저 흔들리던 역계경은 자신의 세력을 이끌고 남쪽의 진국으로 내려가 버렸다.

11 지배층의 잇따른 배신에도 불구하고 왕검성은 바로 함락되지 않았다. 고조선 대신으로 있던 애국자 성기가 있었기 때문이다. 그는 성 안의 사람들을 모아 최후의 한 사람까지 결사항전의 자세로 저항했다.

8 고조선의 강력한 항전으로 벽에 부딪친 한나라 조정은 새로운 방법을 모색했다. 그 결과 정면 대결을 피하고 시간을 끌면서 고조선의 지배층을 매수하여 분열시키는 공작이 시작되었다.

10 역계경의 모습을 지켜본 조선상 노인, 니계상 참, 장군 왕겹 등 화친파는 비밀리에 회동을 갖고 한나라에 항복하자는 데 뜻을 같이하였다. 이들은 이러한 뜻을 한나라 쪽에 전하고 마침내 자신들의 나라를 등지고 말았다. 그러나 이들이 투항을 결심했음에도 불구하고, 우거왕은 굴하지 않고 한 군대에 맞서 싸웠다.

그러자 투항한 니계상 참 일행은 중대한 결정을 내렸다. 끝도 없는 전쟁의 중심에 서 있는 우거왕을 제거하지 않으면 자신들이 살 길이 없다고 생각한 것이다. 그가 우거왕의 침실에 들여보낸 한나라 자객에 의해 기백과 배짱을 갖추었던 고조선의 마지막 왕은 비명에 갔다.

12 애국자 성기를 죽인 사람은 한나라 사람이 아니었다. 그는 기원전 108년, 노인의 아들 최와 왕자 장에 의해 최후를 맞았다. 고조선 백성들은 줄줄이 묶여 이역만리 먼 땅으로 끌려갔고, 나라를 팔고 항복한 자들은 포상을 받았다.

한은 고조선을 멸망시킨 뒤 이곳에 낙랑, 임둔, 진번, 현도 등 4개의 군을 설치했다. 그러나 이들 한사군 가운데 낙랑군을 제외한 세 곳은 세워진 지 30여 년 만에 토착 세력의 공격을 받아 모두 폐지되었다. 이 사실은 고조선을 세운 세력이 얼마나 이 지역에 굳세게 뿌리내리고 있었던가를 잘 알려 준다. 낙랑군은 서기 313년까지 이 일대의 중계 무역 중심지로 남아 있다가 부여 지역에서 일어난 고구려에 의해 멸망했다.

한-고조선 전쟁에 대해 이 사건 직후에 씌어진 사마천의 『사기(史記)』는 이렇게 기록하고 있다. "양군(兩軍: 한나라의 수군과 육군)이 모두 욕을 당하고 장수로서 공을 세워 후(侯)에 봉해진 자가 없었다."

이 기록이 말해 주는 것처럼 당시 동아시아 최대의 강국이었던 한나라 군대를 맞아 고조선은 성기와 같은 애국자를 중심으로 강력한 저항을 펼쳤다. 그러한 항거가 있었기에 고조선은 오늘날까지 우리 역사 최초의 국가로 기억되고 있는 것이다.

고대 국가들은 대개 건국 신화를 가지고 있다. 부여의 해모수 신화, 고구려의 주몽 신화 등이 대표적인 예이다. 그 가운데 단군 신화는 고조선의 건국 신화에 그치지 않고 우리 민족사에 등장한 모든 나라들이 신성하게 여기는 민족의 신화로 자리잡아 왔다. 그만큼 단군 신화 속에서 역사의 진실을 찾아내려는 연구도 엄청난 양이 축적되어 왔다. 과연 단군 신화는 어떤 역사적 진실을 담고 있으며, 그것은 오늘날 우리에게 어떤 의미가 있을까?

단군 신화 속의 역사 찾기

특강_서영대

한국 고대 종교 사상 분야에서는
최고의 전문가 중 한 명이라고 할 수 있다.
서울대학교 종교학과와
동양사학과 · 국사학과 등에서
다양한 학문 경력을 쌓았으며, 수집한
민간신앙과 신화 관련 자료는
타의 추종을 불허한다.

단군 신화는 역사적 사실로 받아들이기에는 너무나 초경험적인 내용들을 많이 가지고 있다. 하늘신의 아들이 인간 세상에 내려왔다거나, 곰이 사람으로 변했다거나, 단군이 1,500년간 나라를 다스리다가 산신이 되었다는 것 등이 그렇다. 그래서 일제 식민사학자들은 단군 신화를 허구라고 했으며, 나아가 단군의 실재까지 부정했다.

물론 신화에 나타나는 초경험적 사실이 그대로 역사일 수는 없다. 신화는 고대인들이 자신들의 사고 구조에 맞게 풀어낸 이야기이다. 그들은 신이 인간사에 적극 개입한다고 믿었으며, 문화와 제도도 초자연적 존재에 의해 비롯된다고 여겼다. 나아가 그러한 문화와 제도만이 정당성을 가진다고 생각했다. 따라서 우리가 할 일은 고대인의 논리를 이해하고, 이를 바탕으로 신화에 반영된 경험적 사실을 찾는 작업이다. 다시 말해서 신화적 코드를 우리가 사용하는 역사적 코드로 변환하는 작업이다.

단군 신화가 말하고자 하는 것

단군 신화는 고조선의 건국 신화이다. 보통 건국 신화라고 하면 건국 시조의 영웅적 활약을 전하는 것이 많음에 비해 단군 신화는 그렇지 않다. 그 대신, 단군이 어떻게 해서 태어났는지가 줄거리의 대부분을 이루고 있다.

단군의 아버지는 하늘에서 내려온 환웅(桓雄)이다. 그리고 환웅의 아버지는 하늘신인 환인(桓因)이다. 우리 민족은 일찍부터 다신 신앙을 가졌기 때문에, 천상에도 여러 신이 있는 것으로 여겼다. 그 중에서도 환인은 많은 신들을 거느리고 세상의 모든 일을 주관하는 최고신(supreme god)이다. 환웅은 바로 이러한 최고신으로부터 지상의 통치권을 위임받아 인간 세상으로 내려왔다. 많은 설화에서 천상의 신이 지상으로 내려오는 것은 죄를 지은 탓이라고 했음을 생각할 때, 환웅의 지상에 대한 지배는 그만큼 정정당당한 것이라 할 수 있다. 따라서 단군의 부계는 하늘의 최고신과 떳떳하게 연결된다.

한편 단군의 어머니는 원래 곰이었다. 곰이 아무리 잡식성 동물이라고 하지만, 그녀는 쑥과 마늘만 먹으면서 21일 동안 햇볕과 차단되는 고행 끝에 인간으로 변신했다. 요즈음 우리는 곰 발바

닭이 고급 요리라느니, 곰 쓸개[熊膽]가 몸에 좋다느니 하면서, 곰을 주로 먹는 쪽과 연결짓고 있다. 또 일반적으로 곰을 미련한 짐승으로 여긴다. 그렇지만 유라시아 북방 지역이나 북아메리카 여러 민족들 사이에서는 곰을 신성한 동물로 숭배하는 경우가 많다. 예컨대 곰을 산신, 신의 사자, 샤먼의 수호령, 토템 등으로 숭배하고 있다. 그래서 곰에 대한 제사(bear ceremony)를 성대하게 치르기도 한다. 또 북아시아를 무대로 활약했던 많은 민족들은 시조의 계보를 어떤 동물로 소급하는 신화를 가지고 있으며, 이 동물들을 신성시했다. 우리 문화의 바탕을 흔히 유라시아 북방 문화라고 한다. 그러므로 고조선 당시에는 사람들이 곰을 신성한 동물로 여기고 신앙의 대상으로 삼았을 가능성이 크다. 따라서 단군은 모계로도 신과 연결된다고 할 수 있다.

이렇듯 단군이 부계로든 모계로든 신과 연결된다는 점을 강조하면서, 이러한 존재에 의해 고조선이 성립되었음을 설명하는 것이 바로 단군 신화이다.

그러나 신화는 과거에 있었던 사실을 설명하는 것으로 자신의 소임을 다하는 것이 아니다. 이를 통해 현재의 질서를 정당화하고 합법화하는 데 중요한 목적이 있다. 정치 권력을 유지하기 위해서는 지배를 정당화할 수 있는 논리를 가져야 한다. 이때 권력(power)은 권위(authority)를 가질 수 있으며, 아랫사람들로부터 자발적 복종도 끌어낼 수 있다. 그렇지 못할 때 권력은 폭력일 뿐이다.

정당화의 논리는 다양하다. 지배자의 카리스마일 수도 있고, 합법적 권위의 후계자라는 것일 수도 있으며, 선거를 통해 국민으로부터 권력을 위임받은 것일 수도 있다. 그러면 단군 신화는 어떻게 권력의 정당성을 주장할까? '우리 시조는 하늘에서 내려온 신성한 존재들의 피를 이어받았다'는 논리가 그 정당화의 무기일 터이다. 똑같은 인간이면서도 다른 사람들을 통치할 수 있는 것은 보통 사람과 달리 신의 아들이기 때문이라는 논리를 단군 신화는 제공하고 있는 것이다.

모든 신화가 그런 것은 아니지만, 신화와 의례는 밀접한 관계가 있다. 즉 신화적 사건이 의례에서 드라마로 재연되는 경우가 많다. 이것은 신화의 권위를 빌려 의례의 효과를 보증하기 위한 것이지만, 한편으로는 의례가 신화의 진실성을 뒷받침하는 면도 있다. 이런 점으로 미루어 고조선에서는 국가적 의례 때 단군 신화가 재연되었을 가능성이 크다. 그리고 이것은 권력을 가시적으로 정당화하는 데 일익을 담당했을 것이라 짐작된다.

이렇듯 단군 신화는 고조선에서 정치 권력이 성립하는 과정을 설명하는 동시에, 정치 권력을 정당화하는 신화라고 할 수 있다. 그런데 이러한 설명 체계는 완전한 가공이 아니라, 당시의 역사적 사실이나 사회·문화상에 기초하여 마련되었을 것이다. 그러므로 단군 신화를 통해 고조선사의 이모저모를 엿볼 수 있다.

고구려 각저총 벽화에 있는 신단수 아래의 곰과 호랑이 모습. 이로써 고구려에서도 단군 신화가 계속 일반인들에게 믿어졌음을 알 수 있다.

특강_송호정

우리 나라에서 쉽게 만날 수 없는
고조선 시대 전문가로
그의 논문 「고조선 국가 형성 과정 연구」
(서울대)는 국내에서 고조선을
주제로 한 최초의 박사 학위 논문이다.
고조선뿐 아니라 백제 풍납토성 발굴 등
각종 발굴 현장에 참여한 경험을 바탕으로
고대사 전반에 걸쳐 학술·교육 활동을
펼치고 있다.

▶ 대동강 유역에 있었다

대부분의 미국인에게 오랜 옛날부터 아메리카 대륙에 사람들이 살아왔다는 사실은 관심 밖의 일이다. 반면, 우리 국민에게 기원전부터 이 땅에 사람들이 나라를 세우고 살아왔다는 사실은 큰 의미를 갖는다. 수천 년 전의 나라였던 고조선이나 지금의 우리나 민족 구성에 큰 변화가 없기 때문이다. '민족 최초의 국가' 고조선이 어디에 있었고 얼마나 큰 영토를 가졌는지에 관심이 모아지는 까닭이 바로 여기에 있다.

고조선은 어디에 있었을까

현재 중·고등학교 국사 교과서에는 고조선이 만주와 한반도에 걸쳐 광대한 영토를 가졌던 것처럼 씌어 있다. 이러한 내용이 교과서에 실리게 된 것은 1980년대 후반부터이다. 그 전에는 고조선의 영역이 평양을 중심으로 북쪽으로는 청천강을 넘지 않는 것으로 설명되었다. 이처럼 교과서의 내용이 바뀌기까지는 우여곡절이 많았다. 교과서 내용을 시정하라는 소송이 제기되기도 하였고, 이 문제로 국회에서 공청회가 열리기도 하였다.

그렇지만 많은 한국사 개설서에는 여전히 고조선의 영역이 제각기 다르게 설명되고 있다. 아직 학계의 의견이 통일되어 있지 못하다는 이야기다. 개정된 교과서의 내용 또한 일부의 견해를 반영한 것일 뿐이다. 과연 각각의 입장이 어떻게 다른지, 그 근거는 무엇인지 알아보기로 하자.

"대동강 유역에 있었다"

일본 및 남한 학계 대부분, 최근의 북한 학계가 보여 주는 입장이다. 『삼국유사』에는 단군이 고조선을 세우고 도읍한 곳을 '평양성'이라고 하였다. 고려·조선 시대 사람들은 대부분 이 '평양성'을 지금의 평양으로 믿어 의심치 않았다. 그리고 단군의 평양성과 위만의 왕검성을 동일한 곳으로 생각하였다. 이렇게 보면 왕검성은 평양, 패수는 그 북쪽에 있는 강이 된다. 이러한 견해는 일제 강점기에 평양 대동강 부근에서 낙랑군의 유적·유물이 발견되면서 더 결정적인 근거를 갖게 되었다. 한나라가 고조선을 멸망시키고 그 중심지에 낙랑군을 두었으므로, 자연히 멸망 당시 고조선의 중심지는 대동강 유역이 되는 것이다.

이 입장은 낙랑군의 위치를 가장 중시한다. 이를 바탕으로 왕검성은 평양성, 중국과 경계를 이루었던 패수는 청천강이었다는 주장을 내세운다. 고조선의 중심지가 대동강 유역이라는 이 견해는 해방 이후 오랫동안 남한 학계의 정설로 굳어졌다. 그러나 이 같은 주장을 전면적으로나 부분적으로 비판하는 사람들도 적지 않다. 전면적인 비판자들은 고조선의 중심지가 시종일관 중국에 있었다고 주장한다. 그런가 하면 대동강 유역은 어디까지나 말기의 위치에 해당할 뿐이고, 고조선이 처음부터 멸망할 때까지 변함없이 평양에 있었다고 장담할 근거는 없다고 비판하는 견해도 제기되고 있다.

"랴오둥 지역에 있었다"

일제 시기 민족주의 사학자 신채호가 주장한 이래 1993년까지 북한 학계가 주장한 것이며, 최근 남한의 일부 역사학자들도 이에 동조하고 있다. 이 입장은 위만이 건너왔다고 하는 패수를 중국의 다링허(대릉하)로 보고, 왕검성과 가까이 있었다는 열수를 중국의 랴오허로 본다.

이 입장은 고고학 근거를 중요시하여, 비파형 동검과 순장 무덤을 중요한 근거로 든다. 초기 청동기 시대의 특징적인 유물인 비파형 동검은 한반도 내에서도 나오지만, 집중적으로 발견되는 곳은 역시 만주이다. 또 랴오둥(요동) 지역에는 다수의 순장 무덤이 발견되고 있다. 1960년대 초 북한과 중국이 합동으로 조사한 랴오닝성 다롄시의 강상무덤과 누상무덤에서는 1백여 구 이상의 인골이 불에 탄 채로 다수의 청동기 유물과 함께 발견되었다. 이런 무덤은 노예를 거느린 강력한 정치 권력을 가진 지배자가 있었음을 증명하는 것이고, 그 정치 권력체는 고조선을 제외하면 달리 찾을 수 없다는 것이다. 이에 근거하면 고조선의 중심지는 랴오허 동쪽에 있었던 것으로 상정된다.

그러나 이렇게 본다면 고조선이 멸망한 뒤 설치된 한사군의 실체와 위치에 대한 고증이 복잡해진다. 대동강 유역의 낙랑 유물·유적을 인정한다면, 말기 고조선의 중심지는 랴오둥일 수 없다. 그런데 이 입장은 낙랑과 관계된 유물·유적을 철저히 부정한다. 이렇게 고고학적 물증을 무시하고 있고, 또 문헌 고증에서도 적잖은 무리를 범하고 있다는 점에서 이 주장은 쉽게 받아들이기 어렵다.

최근 북한 학계에서는 종래의 주장을 잘못된 견해라고 스스로 비판하고, 고조선이 단군 시대부터 평양에 도읍하였다고 주장하고 있다. 그것은 이른바 단군릉, 곧 단군의 무덤을 발굴한 결과에 근거한 것이다. 그러나 북한 학계의 단군 신화 및 단군 무덤을 사실로 보는 주장은 믿기 어렵다. 단군 무덤은 발굴 당시 분명 벽화가 그려진 고구려의 귀족이나 왕의 무덤이었다. 이는 결국 평양이 고대로부터 문화의 중심지였음을 주장하려는 의욕에서 나온 주장으로 보인다.

헤이룽장 성

○ 하얼빈

○ 창춘
지 린 성

랴오허(요하)   △ 백두산

다링허(대릉하)   ○ 선양
고 조 선   압록강

랴오닝성   청천강

이징   란허(난하)

○
텐진   **랴오둥반도(요동반도)**

◀ **랴오둥 지역에 있었다**

고 조 선

○ 지린
○ 창춘
두만강
△ 백두산
선양
하이청
임커우
압록강
라오둥반도
청천강
대동강
평양
임진강
한강
서울

▲ 중심지 이동설

"랴오둥에서 평양으로 이동하였다"

일찍이 신채호는 고조선의 중심지인 왕검성이 원래 랴오시 지방의 창리(昌黎)에 있다가 랴오허 동쪽의 하이청(海城) 지역으로 옮겼다고 하면서, '평양'이라는 지명의 이동설을 주장하였다. 그의 이러한 주장은 최근에 고조선의 중심지가 이동했다는 아이디어로 새로 보완되고 있다.

이동설은 말기 고조선의 위치를 대동강 유역으로, 그 이전 고조선의 중심지를 랴오둥 지역으로 본다. 문헌적으로는 『위략(魏略)』에 "연나라 장수 진개의 침입으로, 서방 2천 리의 땅을 잃고 비로소 조선이 약해졌다"는 기록을 중시한다. 이 내용으로 보면 초기 고조선은 지금의 평양보다 훨씬 서쪽에 있어야 한다는 것이다. 그리고 멸망 당시의 고조선은 낙랑군의 위치를 고려할 때, 평양 일대에 있었음을 부정할 수 없다는 것이다.

고고학적으로는 랴오둥 지방과 한반도 서북부에 분포하는 청동기 문화의 시간적 차이와 계승성에 주목하고 있다. 비파형 동검 문화의 분포를 보면 고조선의 초기 중심지는 랴오둥 반도 부근이다. 그런데 랴오둥 지역 비파형 동검 문화를 계승하여 뒷시기에 나타난 세형 동검 문화는 압록강 이북 지역에는 나타나지 않는다. 이러한 점을 고려하여 처음에는 랴오둥 일대에 광범한 비파형 동검 문화를 건설하고 있던 고조선이 연나라의 동방 진출로 위축되어 평양 일대를 중심으로 세형 동검 문화를 건설하였다고 보는 것이다.

이 주장은 문헌 기록과 고고학적 유물의 해석에 비약과 무리가 적다는 점에서 가장 설득력이 있다. 그러나 이 주장에도 문제가 없지는 않다. 먼저 국가의 중심지가 옮겨졌다고 했을 때, 이러한 사실이 문헌 기록에 전혀 나타나지 않는 점이 문제이다. 또 고고학적으로도 랴오둥 지방과 한반도의 차이, 특히 랴오둥 지방과 대동강 유역 문화의 차이나 계승 관계가 설명되지 못한 숙제가 남아 있다.

고조선은 얼마나 큰 나라였나

위치와 더불어 영역 문제도 고조선 문제 논쟁의 초점이다. 그런데 영역 문제는 고조선의 정치 체제와 사회 성격이 어느 단계에 있었느냐 하는 문제와 직결된다. 초기 국가 단계라 한다면 광범위한 영역을 상정하는 것은 불가능하다. 반대로 넓은 영역을 확보하여 중국과 겨룬 것으로 본다면 강력한 집권 체제를 갖춘 국가가 아니면 안 된다. 근래의 연구는 고조선을 상당히 발전된 사회로 보고 있는 점에서 일치한다. 만주·랴오둥 지방 청동기 문화의 발달 수준이나 당시 중국인들에게 고조선이 상당히 큰 세력으로 인식되고 있음을 전하는 기록을 보면 충분히 짐작할 수 있다. 다만 그 발전 수준이 어느 정도였나가 문제일 뿐이다.

북한 학계에서는 1960년대 초반부터 고조선을 노예제에 기반을 둔 강력한 국가로 못박았다. 그래서 영역도 랴오허 서북부에서 한반도 북부에 이르는 광대한 지역에 걸치는 동북 아시아의 최대 정치 세력이었던 것으로 서술하였다. 그러나 그러한 주장의 중요한 근거인 강상·누상 무덤의 순장 여부에 대해서는 의문이 많다. 또 당시 만주 지역 청동기 문화의 수준을 고려해 볼 때, 방대한 영역에 걸치는 대제국을 건설하여 통치하는 것이 가능했을까 하는 점도 의문이다.

남한 학계에서 나온 최근의 견해는 대체로 보하이(발해)만을 낀 랴오둥 반도에서 한반도 서북부에 걸치는 지역을 고조선의 영역으로 상정하고 있다. 다만 전 영역이 중앙 정부의 직접 통제를 받는 단계였다기보다는 각 지역의 작은 정치체들이 느슨하게 연결된 연맹 형태로 파악하고 있다.

● 비파형동검   ◆ 세형동검

고조선의 영역 문제를 생각할 때 먼저 고려해야 할 점은, 고조선의 영역이 시대에 따라 상당히 다양하게 변화했을 가능성이다. 고대 사회 초기에는 오늘날처럼 국경선이 확실하게 정해지는 상황이 아니었다. 국가와 국가 사이에는 상당히 넓은 빈 땅, 즉 무주 공산들이 있었다. 특히 고조선의 서쪽 경계선은 매우 유동적이었다. 이 지역의 종족 구성도 단일한 것이 아니어서 그야말로 다양한 종족들이 섞여 있었을 것이다. 따라서 고조선의 영역을 처음부터 멸망할 때까지 고정시켜 대동강 유역으로 한정하거나, 아니면 만주·한반도 북부에 걸친 대제국으로 그리는 것은 당시의 실상과 거리가 있다.

나아가 종족의 분포나 문화권의 범위를 곧바로 정치적 영역으로 비약해서 해석하는 견해는 더욱 경계해야 한다. 같은 종족이라고 해서, 또 같은 문화권이라고 해서 하나의 국가를 형성하는 것은 결코 아니다. 영역 문제를 따질 때는 무엇보다 그 사회가 가지는 생산력 수준(문화 수준)과 생산 관계를 밝혀야 한다. 고조선은 청동기 시대에 성립되어 철기 문화가 보급되던 단계까지 계속 존속했던 나라였다. 따라서 초기에는 공동체적 잔재를 많이 가진 사회에서 후기에는 제법 강력한 지배 체제를 갖춘 사회로 발전해 갔다. 그리고 그 과정에서 고조선의 영역도 끊임없이 변화되었을 것으로 보인다. 좀더 구체적인 고조선의 영역이나 세력권의 범위는 앞으로 밝혀져야 할 과제로 연구자들의 손을 기다리고 있다.

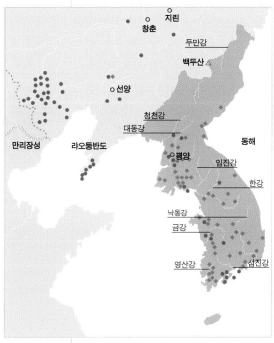

▲ 청동검 분포도

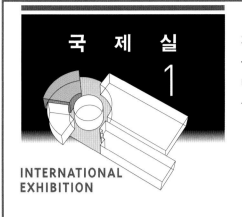

거석 기념물은 전세계적인 현상이다. 세계 고인돌의 40%를 보유하여 고인돌 종주국으로 불리는 우리 나라를 비롯하여 동아시아에서는 많은 거석 기념물이 분포한다. 또 인도네시아와 인도, 그리고 러시아의 카프카스 산맥 일대, 프랑스 남부, 스웨덴, 포르투갈 및 지중해 연안에서도 널리 발견된다. 무덤이나 제사 장소로 추정되는 이들 거석 기념물은 지역마다 차이가 있지만 대체로 농경 생활에 기초한 정착 사회 단계에 들어서 집중적으로 나타난다.

세계의 거석 문화

거석이라는 거대한 조형물을 세운 인간 집단은 과연 어떤 성격의 사회였을까? 커다란 돌을 멀리 운반하여 세우는 데는 방대하고 조직적인 노동력이 필요했을 것이다. 따라서 그 사회는 특수한 지배 계층이 대중의 노동력을 엄격하게 통제하는 곳이었으리라. 하지만 현재까지 이 문제에 관해 시원하게 밝혀진 것은 거의 없다. 또한 이러한 거석 기념물들에 어떤 의미가 있는지도 아직은 수수께끼이다. 세계 각지에 있는 대표적인 거석 문화를 살펴보자.

영 국 웨 섹 스 지 방 의 스 톤 헨 지

헨지(henge)는 돌을 고리 모양으로 늘어놓은 기념물로 영국과 아일랜드에 분포한다. 그 중에서도 스톤헨지는
세계에서 가장 널리 알려진 거석 기념물이다. 이 거석 기념물은 기원전 3천 년경부터 기원전 1천6백 년 전까지 약 네 차례에 걸쳐서
축조된 것으로 알려져 있다. 처음 몇 차례는 중앙에 아무런 구조물 없이 고리 모양의 돌무지를 동심원으로 배치하고 진입로를 닦았다.
중앙에 있는 거석 구조물은 기원전 1천5백 년경 북쪽 약 30km 지점의 말보로다운스 지역의 돌을 운반해 와서 건립했다고 한다.
스톤헨지를 세운 집단은 이 지역 원주민인 켈트족의 사제들(일명 '드루이드')이라는 추측이 우세하다.

구리와 주석을 합금한 최초의 인공 금속, 청동의 발명은 인류 기술사상 대사건이었다. 청동은 어떤 방식으로 합금하느냐에 따라 다양한 성질을 갖지만, 구리보다 단단하고 쉽게 녹슬지 않아 실용적이다. 또 낮은 온도에서 잘 녹고 부드러워서 정교한 무늬를 표현할 수 있다. 이런 특성 때문에 세계 곳곳에서 무기나 장신구 등 다양한 생활용품이 청동으로 제작되었다. 각지의 서로 다른 청동기들은 당시 그 지역 사람들의 생활 문화를 이해하는 데 중요한 자료이다.

세계의 청동기

청동기 시대는 지역에 따라 편차는 있지만 대체로 기원전 4천 년에 시작한다. 초기의 금속 병용 시대에는 석기를 주로 사용하면서 자연에서 채취한 순동(純銅)을 썼다. 그 후 급속히 발달한 구리 야금술은 곳곳에서 도시 문명이 발생하는 요인으로 작용하였다. 기원전 2천 년경에 영국 콘월에서 주석 광산이 발견되자, 이집트 같은 먼 나라에서까지 주석을 수입하러 올 정도로 청동기 시대는 전성기를 맞았다. 기원전 1천 년경 철이 발견되면서 청동기 시대는 막을 내렸다.

▼ **그리스 신의 얼굴** : 그리스 신화에 나오는 아폴론 신의 얼굴이다. 제작 연대는 기원전 4세기로 철기 시대에 해당한다. 그리스 청동 예술품에는 이와 같이 신이나 사람의 몸을 사실적으로 나타낸 것이 많다. 길이 31cm.

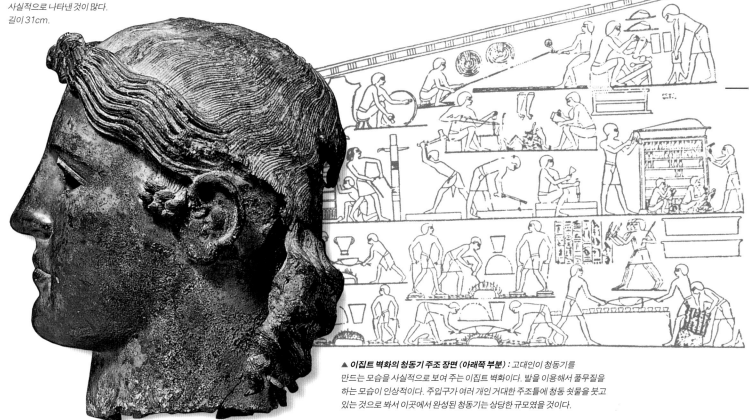

▲ **이집트 벽화의 청동기 주조 장면 (아래쪽 부분)** : 고대인이 청동기를 만드는 모습을 사실적으로 보여 주는 이집트 벽화이다. 발을 이용해서 풀무질을 하는 모습이 인상적이다. 주입구가 여러 개인 거대한 주조틀에 청동 쇳물을 붓고 있는 것으로 봐서 이곳에서 완성된 청동기는 상당한 규모였을 것이다.

지중해 지역의 청동기 제작

청동기의 원조로 알려진 동아시아 지역의 청동기 제작은 기원전 4천 년까지 올라간다. 그러나 최근에는 발칸반도 주변부에서 기원전 4천5백 년에 해당하는 청동 유물이 발견되었으며, 이베리아 반도에서도 기원전 3천5백 년까지 연대가 올라간다는 증거가 보고되었다. 기원전 2천 년경이 되면 지중해 지역은 물론 이집트까지 청동기 제작 기술이 전파되었다. 신왕조기(기원전 1천5백년 경) 이집트인은 독특한 방식의 청동기 유물 제작법을 갖고 있었다. 이들은 현재도 널리 사용되고 있는 풀무를 개발하여 사용하였으며, 밀랍으로 제작한 원형을 이용하여 틀을 만들고 청동 쇳물을 이 틀에 주입한 뒤 밀랍을 녹이면서 원하는 모양을 얻어내는 '실랍법(lost-wax method)'을 개발하기도 하였다.

중앙아시아 지역의 청동기

이 지역은 기마 민족인 스키타이인들의 주활동 무대였던 관계로 각종 무기류와
말 타는 도구 등이 나타난다. 초기 청동기 시대의 문화인 마이코프 문화 시기부터
다양한 동물 무늬를 새긴 청동기가 다수 발견되며, 청동기 시대 후기의
코반 문화를 거쳐 철기 시대로 넘어간다. 청동기뿐 아니라 금 같은 비철금속도
자유자재로 사용하였다. 이곳의 청동기는 한국의 청동기 무늬와 비슷한
동물 무늬를 갖고 있으며, 아름다운 장식 무늬와 뛰어난 세공 기술을 자랑한다.
연대는 지중해에 비하여 다소 뒤떨어진다.

▶ *스키타이 허리띠 장식* : 뒷면에 걸쇠 고리, 한쪽 측면에
24개의 둥근 고정용 구멍이 있는 길고가는 혁대 버클이다.
앞면을 다섯 구획으로 나누어 두 곳에 숫사슴 무늬를
깊이 새겼다. 뚜렷한 선을 가진 사슴 무늬는
수직으로 뻗은 두 개의 뿔과 얼룩점으로 처리된 몸통,
곧은 선의 뻣뻣한 다리가 강조되어 있다.
기원전 1천 년 전반에
만들어진 것으로, 길이는 24. 1cm이다.

▼ *중국의 네모난 청동 솥* : 상나라 때 주로
제작된 제사 도구로 둥근형과 네모형, 세
네 발 모양이 있다. 솥의 각 면을 장식하고
복잡한 무늬는 중국 청동기에만 있는 독특
것으로 도깨비를 나타낸 것이다. 길이 97

동아시아 지역의 청동기 제작

중국에서는 기원전 1천5백 년경 상(은)나라 때부터 춘추전국시대까지 널리 청동기가 제작되었다.
특히 뛰어난 기하학 무늬를 갖고 있는 제사용 청동기들은 시기별로 독특한 무늬 디자인의 변천을 보여 준다.
한국의 청동기는 중국보다는 중앙아시아와 비슷하다. 아연이 포함된 점, 무기와 장신구류가 지배적인 점,
그리고 동물 무늬를 주로 쓴다는 점 등이 중국과 다른 한국 청동기의 특징이다. 한반도의 청동기 문화는
기원전 3백 년경부터 시작되는 일본 야요이(彌生) 시기의 청동기에 영향을 준다. 그러나 일본의 청동기도
거대한 청동 방울이나 의례용 거울처럼 한국과 다소 다른 형태를 보이는 것이 적지 않다.

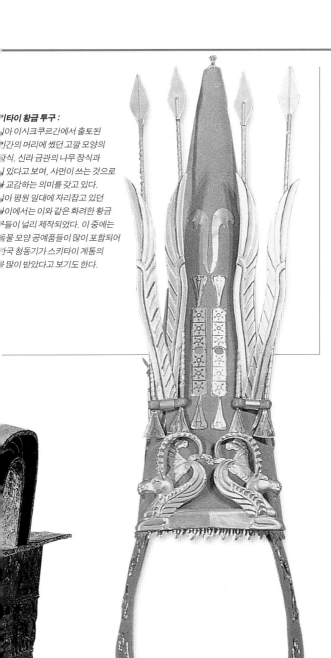

타이 황금 투구 :
아 이시크쿠르간에서 출토된
간의 머리에 썼던 고깔 모양의
식. 신라 금관의 나무 장식과
있다고 보며, 샤먼이 쓰는 것으로
교감하는 의미를 갖고 있다.
아 평원 일대에 자리잡고 있던
이에서는 이와 같은 화려한 황금
들이 널리 제작되었다. 이 중에는
물 모양 공예품들이 많이 포함되어
국 청동기가 스키타이 계통의
많이 받았다고 보기도 한다.

▼ **한국의 말 모양 허리띠 장식 :** 우리 나라의 경상남도 영천
어은동에서 출토된 유물이다. 정교한 말 모양
허리띠고리와 태양 모양의 고리 구멍이 한 쌍을
이루고 있다. 한국 청동기에는 이와 같이 동물 모양이
많아서 중국 북방 유목 민족 문화에서 한국 청동기
문화의 기원을 찾기도 한다.

▼ **일본의 청동 방울(동탁:銅鐸) :** 청동 방울은
야요이 시대에 널리 제작된 청동 제사 도구이다.
본래는 방울 속의 쇠가 몸을
때려서 소리를 내는 악기였지만 점차
악기로서의 실용성보다는 시각상의
효과가 중시되었다.
방울의 고리나 귀 등의 장식이
발달하고, 높이가 130cm를
넘는 대형 방울도 제작되었다.
한국 방울이 실용적으로 쓰인 데
반해 일본 방울은 일찍부터
의례용으로 화려하게
만들어졌다.

▲ **흉노족의 씨름 무늬 허리띠 장식 :** 중국 북방 초원 지역에 주로 거주한
흉노족의 중심지인 오르도스에서 나온 유물이다. 가운데 두 사람은
씨름을 하고 있고, 양쪽에 말이 매여 있다. 흉노족은 유목 생활을
주로 하여 이들의 청동기에는 유목과 관련된 동물들이 많이 등장한다.
한반도 청동기에도 동물 장식이 많아 이를 근거로 한반도 청동기가
오르도스 지역의 영향을 많이 받았다고 본다.

찾 아 보 기

고 조 선 생 활 관 도 서 실

총류

- 두산동아백과사전연구소,『두산세계백과사전』, 두산동아, 1996.
- 한국민족문화대백과 편찬부,『한국민족문화대백과사전』, 한국정신문화연구원, 1991.
- 중·고교『국사』교과서.
- 중·고교『역사부도』.
- 中國歷史博物館,『簡明中國文物辭典』, 福建人民出版社, 1991.

통사 · 분야사

- 강영환,『집의 사회사』, 웅진출판, 1992.
- 강인희,『한국 식생활사』, 상명사, 1978.
- 국사편찬위원회,『中國正史朝鮮傳(譯註一)』, 1987.
- 국사편찬위원회,『한국사』청동기 문화와 철기문화편, 1997.
- 권오영,『삼한의「국」에 대한 연구』, 서울대 박사학위 논문, 1996.
- 김병모,『금관의 비밀』, 푸른역사, 1998.
- 김원룡 감수,『한국 미술문화의 이해』, 도서출판 예경, 1994.
- 김원룡,『한국 고고학 개설』, 일지사, 1973.
- 노태돈 편저,『단군과 고조선사』, 사계절출판사, 2000.
- 노혁진 외,『한국 미술사의 현황』, 예경, 1992.
- 리화선,『조선 건축사』, 과학백과출판사, 1991.
- 문화재청 · 서울대학교박물관,『한국 지석묘(고인돌) 유적 종합 조사 · 연구』, 1999.
- 박구병,『한국 어업사』, 정음문고, 1997.
- 박득준,『고조선 력사개관』, 사회과학출판사, 1999.
- 송호정,『고조선 국가 형성 과정 연구』, 서울대 박사학위 논문, 1999.
- 사회과학원 력사연구소,『조선전사』2, 과학·백과출판사, 1979.
- 역사문제연구소,『사진과 그림으로 보는 한국의 역사』1, 웅진출판, 1993.
- 역사신문 편찬위원회,『역사신문』1, 사계절출판사, 1995.
- 역사연구소 지음,『우리 역사를 찾아서』, 심지, 1994.
- 윤무병,『한국 청동기 문화 연구』, 예경산업사, 1991.
- 윤이흠 외,『단군』, 서울대학교 출판부, 1994.
- 이기백,『우리 역사의 여러 모습』, 일조각, 1996.
- 이병도,『삼국사기』, 1977.
- 이병도,『삼국유사』, 1986.
- 이여성,『조선 복식고』, 범우사, 1998.
- 이종욱,『고조선사 연구』, 일조각, 1993.
- 이춘녕,『한국 농학사』, 민음사, 1989.
- 이형구 엮음,『단군과 고조선』, 살림터, 1999.
- 이형구,『한국 고대 문화의 기원』, 까치, 1991.
- 전국역사교사모임,『미술로 보는 우리 역사』, 푸른나무, 1992.
- 정영호 감수,『그림과 명칭으로 보는 한국의 문화 유산』, 시공테크, 1999.
- 조선기술발전사편찬위원회,『조선 기술 발전사』1, 과학백과사전종합출판사, 1996.
- 최덕경 지음,『중국 고대 농업사 연구』, 백산서당, 1994.

- 최몽룡 · 최성락 편저,『한국 고대국가 형성론』, 서울대 출판부, 1973.
- 하야시 미나오 지음 · 이남규 옮김,『고대 중국인 이야기』, 솔, 1998.
- 한국역사연구회 엮음,『문답으로 엮은 한국 고대사 산책』, 역사비평사, 1994.
- 한국역사연구회 편,『역사 문화 수첩』, 역민사, 2000.
- 한국역사연구회 지음,『삼국 시대 사람들은 어떻게 살았을까』, 청년사, 1998.
- 한국사 편집위원회,『한국사』청동기 · 고조선편, 한길사, 1994.
- 한영우,『다시 찾는 우리 역사』, 경세원, 1997.
- 황기덕,『조선의 청동기 시대』, 사회과학출판사, 1984.
- Joseph Needham, *Science and Civilisation in China*, Cambridge University Press, 1984.
- 馬承源主編,『中國靑銅器』, 上海古籍出版社, 1988.
- 成東鐘,『中國古代兵器圖集』, 解放軍出版社. 1990.
- 蘇北海,『新疆岩畵』, 新疆美術撮影出版社, 1994.
- 宋應星,『天工開物』, 1637.
- 周迅 · 高春明,『中國古代服飾大觀』, 重庚出版社, 1995.
- 都出比呂志,『日本農耕社會の成立過程』, 岩波書店, 1989.
- 乙益重隆,『邪馬台國の誕生』, 敎育社, 1993.
- 潮見浩,『技術の考古學』, 有斐閣, 1988.
- 潮見浩,『東アジアの初期鐵器文化』, 吉川弘文館, 1982.

도록

- 국립광주박물관,『광주 신창동 저습지 유적 I 』, 1997.
- 국립광주박물관,『선 · 원사인의 도구와 기술』, 1994.
- 국립광주박물관,『영산강의 고대 문화』, 1998.
- 국립민속박물관 도록, 1993.
- 국립중앙박물관,『국립중앙박물관』, 1996.
- 국립중앙박물관,『한국 고대국가의 형성』, 1998.
- 국립중앙박물관,『한국의 선 · 원사 토기』, 1993.
- 국립중앙박물관 · 국립광주박물관,『한국의 청동기 문화』, 1992.
- 부산광역시립박물관,『어구전』, 1999.
- 부산대학교박물관,『선사와 고대의 문화』, 1996.
- 조선유적유물도감 편찬위원회,『조선유적유물도감』I · II , 1989.
- 조선일보사,『스키타이 황금』, 1991.
- National Gallery of Art, Washington, *The Greek Miracle*, 1992.
- Umirsak Mukanov, *Along the Great Silk Road*, KRAMDS-reklama, 1991.
- Wheeler, M., *Early India and Pakistan*, Frederick A.Prager, 1959.
- 遼寧省文物考古硏究所,『遼寧重大文化史迹』, 1990.
- 中國靑銅器全集編輯委員會,『中國靑銅器全集』15, 文物出版社, 1995.
- 陝西省博物館藏寶錄編輯委員會,『陝西省博物館藏寶錄』, 上海文藝出版社, 1995.
- 京都國立博物館,『倭國』, 每日新聞社, 1993.
- 東京國立博物館,『大草原の騎馬民族—中國北方の靑銅器』, 1997.

자료 제공 및 출처

글

8-17 야외전시_강응천 / 20-55 고조선실_송호정 / 56-65 특별전시실_송호정 / 68-73 가상체험실_강응천 / 74-77 특강실 1_서영대 / 78-81 특강실 2_송호정 / 82-87 국제실_유용욱

사진

8-9 솟대_손승현 / 10-11 농경의 시대_손승현 / 12-13 고인돌_손승현 / 14 비파형 동검과 꺾묻거리-중앙박물관 / 15 세형 동검_부여박물관·손승현 사진, 청동 거울·이형 청동기_중앙박물관 / 16-17 참성단_손승현 / 16 부여 도성_송호정 / 20-21 검단리 유적_부산대 박물관 / 25 농경문 청동기_중앙박물관 / 26 별도끼와 달도끼_『조선유적유물도감』, 용덕리 고인돌_『조선기술발전사』 / 26-27 울산 무거동 논 유적지_경남대 박물관 / 28 반달 돌칼·돌낫_광주박물관 / 29 다락 창고_송호정 / 30-31 돌도끼_『조선유적유물도감』, 청동 도끼·쇠도끼_중앙박물관, 돌자귀_중앙박물관, 청동 자귀_『조선유적유물도감』, 돌끌_『조선유적유물도감』, 청동 끌과 조각도_광주박물관, 보습_광주박물관, 돌괭이_『조선유적유물도감』, 목제 괭이_광주박물관, 철제 괭이_중앙박물관, 후치_『조선유적유물도감』, 반달 돌칼_광주박물관, 철제 반달칼_중앙박물관, 돌낫_광주박물관, 철제 낫_중앙박물관, 갈돌_『조선유적유물도감』 / 32-33 가리·통발_온양민속박물관, 낚시 거푸집_중앙박물관 / 34-35 돌화살촉_광주박물관, 사냥 장면_송호정, 돼지 머리 조각품_『조선유적유물도감』 / 37 청동검 거푸집_중앙박물관, 유리 거푸집_광주박물관 / 41 시루_중앙박물관, 국자·뼈칼_부산대 박물관, 숟가락_『조선유적유물도감』 / 42-43 공귀리형 토기·미송리형 토기·서단산형 토기·팽이형 토기_『조선유적유물도감』, 송국리형 토기·구순각목문 토기·공렬문 토기·굽다리 접시_중앙박물관, 붉은간토기_부산대박물관, 점토대토기·검은간토기_부여박물관, 종말기무문토기_중앙박물관, 삼족기_『遼寧重大文化史迹』 / 44-45 베와 바디_광주박물관, 청동기 일괄_중앙박물관, 옥목걸이_경북대 박물관, 금 귀걸이_송호정 / 46 쌍두령_중앙박물관, 뼈피리_『조선유적유물도감』 / 49 선돌_『조선유적유물도감』 / 51 세형 동검·청동과·청동창_중앙박물관, 쇠뇌_『조선유적유물도감』 / 52-53 점뼈_중앙박물관, 문자 토기_『조선유적유물도감』, 낙랑토성_『조선유적유물도감』 / 54 장성_『遼寧重大文化史迹』, 청동 거울_중앙박물관, 기와_송호정, 철기 세트_중앙박물관, 판상 철부_청주박물관, 주조 철부_중앙박물관, 청동 거울(오른쪽)_중앙박물관, 야요이식 토기_부산대 박물관, 일본 동검_중앙박물관 / 57 강상무덤의 실측도_『조선유적유물도감』, 토기_『조선유적유물도감』 / 98-99 북방식고인돌_『조선유적유물도감』, 남방식 고인돌_송호정, 북방식 고인돌 내부_『조선유적유물도감』, 남방식 고인돌 내부_이영문, 고인돌의 꺾묻거리_중앙박물관, 돌널무덤·돌널무덤의 꺾묻거리_중앙박물관 / 60-61 돌돌림무덤_전북대박물관, 널무덤_중앙박물관, 널무덤의 꺾묻거리_중앙박물관, 독무덤_중앙박물관, 이음식 독무덤_광주박물관, 지건길_손승현 / 62-63 청동기 일괄_중앙박물관 / 64-65 견갑형 청동기_동경국립박물관, 청동기 일괄_중앙박물관 / 76 『삼국유사』_손승현 / 82-84 스톤헨지_오영찬, 중국 동북 지방의 석붕_송호정, 한반도 남쪽의 고인돌_*People of the Stone Age*, 프랑스 브르타뉴 지방의 돌멘-*People of the Stone Age*, 인도의 납골관_*Early India and Pakistan* / 85-87 청동 얼굴상_*The Greek Miracle*, 황금 투구_*Along the Great Silk Road*, 버클_『스키타이 황금』, 중국 청동기_『中國靑銅器全集』15, 말 모양 버클_중앙박물관, 오르도스 청동기_『大草原の騎馬民族 -中國北方の靑銅器』, 일본의 청동 방울_『倭國』

그림

22-23 검단리 마을_김병하 / 24-25 농경_이원우 / 28-29 수확·가공_이원우 / 30-31 농기구_이해직 / 32-33 고래잡이_전진경 / 35 대곡리 바위그림_김동원 / 36-37 청동기 제작_이선희 / 38-39 집짓기_이선희 / 40-41 조리 장면_이선희 / 44 베 짜는 여인_이선희 / 45 관리의 정장_이해직 / 46-47 제천행사_김경진 / 48-49 장례_김경진 / 50-51 전쟁_윤문영 / 56-57 강상무덤_정현철 / 63 청동기 무늬-백창훈·장문정 / 64 청동기 무늬_백창훈 / 68-73 고조선 최후의 날_정순희 / 77 삽화_이은홍 / 78-81 지도_이정민 / 83 카프카스 지역의 고인돌_이해직

한국생활사박물관 02 「고조선생활관」

2000년 7월 5일 1판 1쇄
2002년 4월 30일 2판 1쇄
2023년 3월 31일 2판 12쇄

지은이 : 한국생활사박물관 편찬위원회
편집관리 : 인문팀

출력 : 블루엔 / 스캔 : 채희만
인쇄 : 천일문화사
제책 : 책다움
마케팅 : 이병규·이민정·최다은·강효원
홍보 : 조민희

펴낸이 : 강맑실
펴낸곳 : (주)사계절출판사
등록 : 제406-2003-034호
주소 : (우)10881 경기도 파주시 회동길 252
전화 : 031)955-8588, 8558
전송 : 마케팅부 031)955-8595 편집부 031)955-8596
홈페이지 : www.sakyejul.net 전자우편 : skj@sakyejul.com
블로그 : blog.naver.com/skjmail
페이스북 : facebook.com/sakyejul
트위터 : twitter.com/sakyejul

저작권자와 맺은 협약에 따라 인지를 생략합니다.

ISBN 978-89-7196-865-9
ISBN 978-89-7196-680-8(세트)